内向者的副业奇迹

何圣君◎著

祝闷声赚钱
心静且安
何圣君

人民邮电出版社

北京

图书在版编目（CIP）数据

内向者的副业奇迹 / 何圣君著. -- 北京 ：人民邮
电出版社，2025. -- ISBN 978-7-115-67383-1

Ⅰ．F307.5

中国国家版本馆 CIP 数据核字第 20253Q9D38 号

♦ 著　　　　何圣君
　　责任编辑　朱伊哲
　　责任印制　周昇亮

♦ 人民邮电出版社出版发行　　北京市丰台区成寿寺路 11 号
　邮编　100164　电子邮件　315@ptpress.com.cn
　网址　https://www.ptpress.com.cn
　文畅阁印刷有限公司印刷

♦ 开本：880×1230　1/32
　印张：6.375　　　　　　　2025 年 7 月第 1 版
　字数：138 千字　　　　　　2025 年 7 月河北第 1 次印刷

定价：52.00 元

读者服务热线：(010)81055296　印装质量热线：(010)81055316
反盗版热线：(010)81055315

我，一个 i 人的副业突围之路

你是 i 人（内向者）吗？

不管你是不是 i 人，反正我是 i 人。

在早期的职业生涯中，我常常羡慕那些能够自如地在人群中侃侃而谈的人，他们似乎总能成为焦点。

但当我站在众人面前发言时，我却发现自己的言辞并不如想象中的流畅。我意识到，自己并不擅长在公众场合"说几句"。

更让人尴尬的是，和领导一起等电梯、乘电梯的时候。领导沉默不语，我便会尴尬到脚趾头能在地上抠出"三室一厅"来。

对，这就是刚从学校毕业、步入社会的我。

刚毕业的时候，我懵懵懂懂地进入一家你可能听说过的公司，"混"了个生产主管的头衔。虽然这家公司名气大，但工资并不可观，员工想多赚点，就得靠值夜班和加班。

为了增加收入，我常常加班。我还记得公司有这么一条规定：只要一个月内在车间待满 80 小时（由于车间与办公室是分开的，公司鼓励工程师多进车间），就能额外拿到 200 元的车间津贴。就为了这 200 元，我每天都在心里默默计算进出车间的时间，还得留出一点余地，避免计算误差，确保万无一失地把这笔钱拿到手。

因为在车间待的时间足够长，所以在 3 年里我得到了两次晋升。虽然每次加薪幅度不大，但当我看到"资深工程师"的头衔印在自己的名片上时，心里还是有那么点小小的成就感和满足感的。

然而，好景不长。2008 年，全球金融危机来袭。为了节省成本，公司开始安排无薪假期。就这样，我的收入在一夜之间严重缩水。

那段日子，我真是迷茫得像迷路的蚂蚱，焦虑得像热锅上的蚂蚁。我每天勤勤恳恳地上班，结果却是空欢喜一场。休息的时候，我想着找点兼职做做，以增加收入。于是我报名去做群众演员。

结果我忙活了一天，赚到的钱还不够买盒饭。剧组还嫌我头发太长，给我剃了头发，完全不顾我的形象。因为长时间吹冷风，第二天我还感冒了。那一次的经历，真的让我感到特别沮丧和无奈。

一次偶然的机会，我在网上看了一部纪录片，里面有一个故事打动了我。

有一个外国中年人，他日子过得紧巴巴的，脑子里想的除了怎么赚钱就没别的了。有一天，他突发奇想，找来一张 1 美元的纸币，在"1"后面添了 5 个零，然后把它贴在天花板上。这样，每天早上一睁眼，他就能看到那张"价值 10 万美元"的纸币悬在头顶。慢慢地，"赚 10 万美元"这个念头几乎占据了他所有的思绪。

某天，他突然灵光一闪：如果自己写的书能卖出 40 万册，岂不是基本能赚到 10 万美元？但问题来了，怎么才能让这本书大卖呢？一天，他在超市购物时，注意到了货架旁摆着的《国家询问报》。那一刻，他灵感迸发：要是能让这份报纸的读者知道他的书，那 40 万册的目标岂不是很容易就能实现了？

不过，想法是美好的，现实却很残酷——他不认识报社里的任何人。于是，每天醒来，他就只能盯着天花板上的"10万美元"发呆，思考下一步该怎么走，仿佛那张纸币能为他指点迷津。

奇迹发生在6周后的一次演讲活动中。演讲活动结束后，一位女士过来采访他。他接过她的名片一看，简直不敢相信自己的眼睛——这位女士竟然是《国家询问报》的撰稿人！就这样，一条通往成功的道路在他面前铺开，最终，他不仅实现了赚10万美元的梦想，还证明了有时候机会就在意想不到的地方等着你。

这个故事是不是听起来像心灵鸡汤？实际上，这位外国中年人的名字叫杰克·坎菲尔德，他就是《心灵鸡汤》系列图书的作者。

坎菲尔德的故事打动了我。于是，我灵机一动，翻出以前玩过的纸质版大富翁（有的地方叫"强手"）游戏，从里面找了一张1元的虚拟纸币。我学着坎菲尔德的样子，在"1"的后面加上了6个零，它瞬间变成了一张"100万元"的"纸币"。然后，我小心翼翼地爬上床，把这张自制的"巨额纸币"贴在了天花板上。这样一来，每天早上一睁眼，我就能看到天花板上的"100万元"的"纸币"。

我心想，我这样是不是也能心想事成呢？

一天下午，我在上海中山公园地铁站附近的一家书店里闲逛，突然灵光一闪：金融危机让这么多人迷茫焦虑，我为什么不抓住这个机会，写一本《"80后"如何对抗金融危机》的书呢？说不定我也能像坎菲尔德那样，靠写书、卖书赚到副业的第一桶金，甚至赚到100万元呢！

说干就干，当天晚上我就开始动笔。在接下来的半年里，我几乎把所有的休息日都用来写书，每天写 6 小时；即使在工作日，我也每天挤出 1~2 小时来写作。终于，在写了大约 7 万字后，我完成了这本书的初稿。当我敲下最后一行字的时候，那种成就感简直无以言表。

可是，下一个问题又来了：哪家出版社愿意出版这本书呢？

我想了很久，决定采取一种"扫楼式"的方法——从网上找各出版社的联系方式，将其整理成表格，接着挨个儿给各出版社打电话推销我的书。这简直像在黑暗中摸索，好多次我都快要坚持不下去了。但就在我的表格里的电话快打完的时候，奇迹发生了——华东师范大学出版社的图书负责人刘老师居然给了我回应！

可我的写作技巧并不成熟，在不断打磨中，我感到自己的精力和热情都在慢慢流失。直到有一天，我爬上床，取下了那张象征着梦想的"100 万元"的"纸币"，天花板上的一块石灰也被我扒了下来，而天花板上留下了一个坑。那一刻，我有一种无力感，我觉得我的心里也有一个坑，可是，能怎么办？我只能选择放弃。

是的，我没有实现那个 100 万元的梦想。

哼！我再也不相信什么"心想事成"了。

这是我人生旅程的第一阶段。

我尝试过追求梦想，尽管结果并不如人意。

时间如同白驹过隙，转眼间就到了 2010 年。那一年，我从原公司跳槽，加入了一家制造公司，担任助理项目经理。

新工作聚焦于汽车电子领域的大规模生产项目，这与我在原公司积累的经验和技术完美匹配。因此，项目推进得异常顺利，仅用 1 年时间，便实现了 1 亿元的产值。那时，我心中暗想，如果这个项目是我自己的，按照《富爸爸穷爸爸》中的理念，未来每年都会有稳定的收入，那就绝了。

但现实是，我依然是个普通的职场员工。尽管我为公司做出了很大贡献，年底也只不过拿了2万多元的奖金。第二年，我的工资上涨了1000多元，职位也从助理项目经理晋升为区域分部经理，我开始负责带领团队。

然而，谁知道带领团队对我来说，就像打开了潘多拉的盒子。

作为团队的领头羊，我不仅要面对下属的失误，还要承担解决问题的责任；新同事的培训进展缓慢，老同事对我的领导能力持怀疑态度。每天，我都在处理这些纷繁复杂的问题，它们像一团乱麻，让我疲惫不堪。

到了2013年年底，我感觉自己像从云端跌落，直接掉入了深渊。那一年，我的绩效评价在公司员工中垫底，奖金也大幅缩水，我为此感到绝望。

王小波曾说："一切痛苦都是对自己无能的愤怒。"这句话深深地触动了我。那时，我确实感到无力，在工作中失去了选择的主动权，只能默默承受。

在那段艰难的日子里，我发现"读书"始终是一条出路。当时是"听书"开始流行的时代，我下载了喜马拉雅App，开始聆听"罗辑思维"和樊登老师的讲书节目。每周四，新节目的更新成了我一周中最期待的时刻。每一次收听都像在给自己的心灵充电，可以让我提升认知水平。

随着时间的推移，这些小小的积累开始产生质的变化。视野的不断拓宽让我感觉自己像打开了一扇窗，终于从相对封闭的世界中走了出来，看到了外面更加广阔多彩的世界。

到了 2014 年，我勇敢地迈出舒适区，踏上了考研之路，并成功考上一所 211 高校——西南交通大学，开始攻读其 MBA 项目。

2015 年 12 月，我开始运营自己的微信公众号，以"三米河"作为笔名，重新燃起了对写作的热情。尽管最初因为时间和精力的限制，每周我只能产出大约 500 字的内容，但我在这个过程中发现，早起写作不仅可行，而且效率惊人，这为我后来的发展奠定了坚实的基础。

为什么早起写作更有效率呢？我后来总结出了一个"人体电池理论"。我们就像手机，早上醒来时，精力充沛，仿佛刚充满电；而到了晚上，精力就像电池即将耗尽，我们做事时总是感到力不从心。当你的精力只剩下 20% 时，效率和心情自然比不上精力充沛时的状态。晚上任务未完成时的焦虑感，我想很多人都体会过。而早晨的世界很宁静，没有人打扰，这样的环境更容易让我们进入心流状态。

就这样，在正确的节奏下，我的写作能力得到了显著提升，我进步的速度肉眼可见。我从最初每周写 500 字，逐渐增加到每周写 1000 字，再到后来每周能产出 1300 字的文章。

我还在网上结识了一群志同道合的"写友"，他们建议我除了在微信公众号发表文章，还可以将文章同步发布到一个叫简书的平台上。这个建议真是太棒了！2016 年 9 月，我写的一篇关于心理学效应的文章——《不懂"锚定效应"，你被别人操纵都不知道！》——居然被简书的编辑选中，推上了首页。紧接着，在 10 月 13 日，我收到一封意想不到的邮件，是邀请我写书的！这对我来说简直是个巨大的惊喜，也是对我在写作之路上的付出的最大认可。

起初，我对这突如其来的机会半信半疑，心里不禁嘀咕："这不会是骗局吧？"直到对方发来了正式的出版合同，我才真正意识到，时隔 8 年，那个写书的梦想竟然要实现了！

但兴奋之余，挑战也接踵而至。根据合同要求，我必须在短短 3 个月内完成整本书的写作。这对于当时的我来说，无疑是一个巨大的考验！

2016 年 11 月中旬，我们全家计划已久的日本京都和大阪之旅如期而至。旅途中出现了一些让人啼笑皆非的场景：当家人在商店里尽情购物时，我蹲在商店门口，双手捧着手机，专注地打字写稿；在新干线上，家人在欣赏窗外的美景，我则坐在座位上，低头写作。甚至到了 2017 年 1 月 28 日，农历大年初一，全家人吃完饭围坐在一起休闲娱乐的时候，我还是一个人静静地坐在沙发的角落，低头写着我的稿子。

这 3 个月对我来说就像经历了一次高强度的集训：每完成一章，编辑老师都会迅速给出建议，我根据建议修改稿件，然后马上投入下一章的写作中。后来我才了解到，这种不断练习和改进的过程正是所谓的"刻意练习"。

当我终于完成最后一章并如释重负的时候，编辑老师突然说："你这本写得不错，要不要'再来一本'？"这句话带给我的感觉，和小时候买饮料时刮出"再来一瓶"的感觉完全不一样——既惊喜又有些不敢相信。

见我有些犹豫，编辑老师直接在我原本的稿费基础上增加了

10%。其实她可能永远也不会知道，那一刻，我在心里早就已经答应了这个"再来一本"的提议。

在经过第一本书的历练后，第二本书的写作变得水到渠成。这次经历不仅让我积累了宝贵的经验，也让我在这条充满挑战与惊喜的写作之路上走得更加坚定。

2017年5月，我发现我每天都在使用的喜马拉雅App正在招聘。更让我惊讶的是，我的写作背景与他们的招聘要求非常契合。当晚，我更新了简历，并在简历中特别强调了自己"有2本书处于待出版阶段"的情况，然后带着一丝紧张和期待将简历发送出去。

没想到，第二天我就接到了该公司的面试电话。两轮面试出奇顺利，第三天我就收到了录用通知。消息传开后，很多同事都表示不解，问我："你积累了12年的制造行业的经验，怎么说放弃就放弃了？"

当时，《人民日报》的一句话在我脑海中浮现：

"人生漫长，晴雨交加，但若是心怀热爱，即使岁月荒芜，亦能奔山赴海，静待一树花开。"

我没有直接用这句话来回应同事们的不解，只是笑了笑，安静地离开了公司。

2017年7月，我正式加入了喜马拉雅，从传统制造行业转入了互联网行业。

2017年12月，我的书正式上架了。

那天下班后，我在地铁上突然发现自己的书竟然已经在当当网上架了。我用一只手拉着地铁拉环，用另一只手激动地发了一条朋友圈："人生中的第一本书终于上架啦！这让我明白，哪怕起步晚了些，只要方向对了，每天坚持努力一点点，总会等到收获的那一天。"

没想到当天就有 118 人点赞，122 人在评论区留言祝贺。我记得特别清楚，那天回家路上的时间飞逝而过，我整个人沉浸在难以抑制的喜悦中，心里满是成就感和对未来更多的期待。

但这两本书让我赚到很多钱了吗？

说实话，还真没有。因为我签的是"买断"合同。

所谓的"买断"，就是出版社一次性给你一笔费用，之后不管书的销量多高，跟你都没什么关系，哪怕销量惊人，额外的收益也全都归出版社所有。

好吧，人生的第二阶段，我赚到了 2 本书，也吃了认知不足的亏。

在制造业公司和内容公司工作，确实是两种截然不同的人生体验。

我的新领导曾是一位出版人，他不仅很有商业头脑，对人性也有深刻的洞察。更重要的是，他特别乐于分享和教导别人。尽管我已经是有 10 多年经验的"职场老人"，但在他的带领下，我感觉自己像一个充满新鲜感的"萌新"。我们一同在全国各地举办了各种读书会、听友会，甚至还组织了一场覆盖 21 个城市的大型主题活动。那段日子充满挑战与乐趣，我每天都在探索新的可能。

然而，没过多久，焦虑感又悄然袭来。

为什么呢？其实，我心里始终没有放下写书的梦想。之前的编辑老师离职后，我最初写的两本书在市场上反响平平，并没有为我带来更多的写作机会。这让我陷入了深深的思考：接下来怎么做才能继续追逐自己的写作梦想呢？

这种焦虑感让我意识到，虽然我在新工作中获得了不少成长和新的机遇，但要想真正实现内心深处的目标，还需要更多的努力和突破。

幸好我读到了村上春树老师的写作心法。村上老师非常自律，不管有没有灵感，每天都坚持写满 10 页稿纸，每页大约 400 字。这就是"雷打不动地持续践行"。

我自知远没达到村上老师的水平，所以给自己定了一个稍微轻松一点的目标：每天早起后，我也开始"雷打不动地持续践行"，每天写 500 字。内容呢，就是前一天读到或听到的让我有启发的东西。

有时候灵感一来，我也能一口气写出 1500 字甚至 2000 字。但这可是个全年无休的任务，不管是劳动节、国庆节，还是其他节假日，每天都得坚持。一年下来，我就积累了约 30 万字的文稿。这种持续输出的方式，不仅让我养成了写作的习惯，还让我在不知不觉中提升了写作能力。

"雷打不动地持续践行"有一个特别棒的好处，它强迫我以输出倒逼输入，实际上这就是在践行"费曼学习法"。每次我把最近写的内容分享给同事时，他们总是很好奇，问我为什么他们在阅读后很快就忘了读过的内容，而我却能记得那么清楚。其实，这就是通过写作不断加深理解和记忆的结果。

就这样过了一年多。2018 年年末，六人行图书的一位编辑老师"看见"了我，给了我出版第三本书的机会。

我的第三本书叫《行为上瘾：拿得起，放得下的心理学秘密》，这是一本深入探讨脑科学和行为心理学的书，旨在分析人们为什么会"上瘾"，以及如何从识局到破局，从认知到行动，最终清醒地掌控自己的人生。

更让我感到荣幸的是，我在写作过程中结识的彭小六老师，以及商业顾问刘润老师为这本书撰写了推荐语。这样的正反馈让我更加确信"雷打不动地持续践行"这条道路的价值。

写完《行为上瘾：拿得起，放得下的心理学秘密》已经是2019年了。这一年，今日头条的青云计划正如火如荼地开展着。我想，发布平台不过是个选择，多一个渠道发布，就多了一次争取每周1000元奖金的机会。不得不说，当年的今日头条在洞察方面确实有一套。那种有时有、有时没有的激励机制真的让人欲罢不能。为了吸引今日头条编辑老师的注意，我在文章的结构化和案例的新颖度上下了不少功夫。

其中，我写的《认知时刻：如何让别人自动得出你期望的结论》被尹建莉父母学堂的副总裁看到了。他联系了我，提出希望与我合作开发一门关于如何使用行为设计学来唤醒孩子自驱力的课程。

说实话，当时我还真没写过育儿类的作品。不过，在写《行为上瘾：拿得起，放得下的心理学秘密》的过程中，我查阅了大量的资料，并将它们结构化，积累了相当多的行为心理学理论知识。而且我家正好有一个适龄的孩子，隔三岔五地，我就把学到的这些内容应用在他身上，效果还真不错。既然如此，为什么不挑战一下自己，把之前的学习内容进一步系统化，打造成一门育儿课程呢？

更何况，如果这门课程能帮助更多的父母掌握有效的育儿策略，还能让家庭关系更加和谐，这不是一件很有意义的事情吗？

于是，我一咬牙、一跺脚，决定"先把背包扔过墙"，和尹建莉父母学堂签下了合同，然后便在工作之余全力以赴地投入这门课程的写作和录制。在这个过程中，我第一次体验到了"但行好事，莫问前程"的心境。

2020年3月，我撰写了一篇题为《我，37岁，误打误撞，对抗"熵增定律"，做了一次个人转型》的文章。虽然这篇文章的阅读量不算特别高，大约为1.8万人次，但它似乎吸引了编辑老师的目光。

不久后，一位编辑老师问我是否对写一本关于"熵增定律"的书感兴趣。"熵增定律"，这可是华为的任正非和亚马逊的贝索斯经常挂在嘴边的词！我的第一反应是：就我这样一个小作者，真的有资格写这本书吗？但我立刻制止了自己那种"冒充者综合征"的妄自菲薄，在微信上果断回复了3个字和1个标点符号：感兴趣！

后面的故事，你可能已经猜到了。

这本《熵增定律：一切问题的底层规律》最终成了我的代表作之一，到目前为止已经发行了超过10万册。这本书不仅让我获得了不少读者的认可，也成了我的一张名片。因为很多出版社的编辑老师都知道这本书，所以后来的写书合作变得异常顺利。

在《熵增定律：一切问题的底层规律》的序言中，我引用了一个曾经深深打动我的例子，其大体内容如下，我相信这个例子也会打动你。

一个普通的妈妈，生了一个普通的女儿。妈妈每天都在做一件事情，给女儿拍照片。普通父母都会这么做（即使拍照频率没这么高），对吧？但有一件事情不太普通：这个妈妈以女儿的出生作为起点，每天都给她拍照。一直拍到女儿 18 岁，一天都没中断过。接着她办了一个摄影展，摄影展的主题就是女儿。从第 1 天到第 6000 多天，一共 6000 多张照片。你能想象在摄影展中一路走下来，观众从小婴儿的照片看到 18 岁大姑娘的照片时的震撼吗？这件事情引起了不小的轰动。知道了这件事的人都赶到摄影展所在的小镇，想要一睹为快。

这叫"涌现"。将无数个普通的动作叠加，最终形成了不普通。

事实上，我后来也一直在践行有关写作的"涌现"原理。

到目前为止，我已经出版了 12 本书，它们分别是《博弈心理学（全彩手绘图解版）》《营销心理学：金牌营销一定要懂得的心理学秘密（全彩手绘图解版）》《行为上瘾：拿得起，放得下的心理学秘密》《熵增定律：一切问题的底层规律》《了不起的自驱力：唤醒孩子的学习源动力》《熵减法则：万物生存的终极规则》《降维沟通：成为社牛的说话之道》《不强势的勇气：如何控制你的控制欲》《抢分：偏科自救指南》《薛定谔的猫：一切都是思考层次的问题》《自律上瘾：用自律拿到结果的 28 个逆袭策略》《不受力的人生：允许一切发生的人最好命》。

我的每一本书都不定期地给我带来惊喜。

比如，我的第 4 本书《熵增定律：一切问题的底层规律》销量超 10 万册。

我的第 5 本书《了不起的自驱力：唤醒孩子的学习源动力》在微信读书上的推荐值经常在 85%~87% 波动。

我的第 8 本书《不强势的勇气：如何控制你的控制欲》销量超

过了 20 万册。

我的第 10 本书《薛定谔的猫：一切都是思考层次的问题》一度攀升至当当网总榜第 88 名——这可是国内全品类书籍排行榜。

我的第 12 本书《不受力的人生：允许一切发生的人最好命》一发行就被出版社评为 SSS 级重点书。

…………

更重要的是，随着这些非买断版权书的畅销，我的版税收入纷至沓来，天花板上"100 万元"的梦想也已悄然实现。

现在，副业变成了主业，每天醒来，我都能看到前一天我的书在网上又卖了多少册。如今，我也不必再为别人打工，可以完全掌控自己的时间，拥有"一人公司"，实现"接娃自由"，并把精力花在更有意义的事情上。

作为一个 i 人，我用自己的经历证明了 i 人并不比 e 人（外向者）差。尤其是在做副业这件事上，我们 i 人往往更能坚持，更能在安静中积累力量，更能悄悄干成大事。

所以，在这里，我想邀请同为 i 人的你，从今天开始，开启你的副业赚钱之旅！

让我们一起，闷声推进，日拱一卒；不声不响，黄金万两。

阅读导览

目录

第一章

认知篇

1.1 为什么建议 i 人要做副业

如果你是个 i 人（内向者），你一定羡慕过那些"能来事儿"的 e 人（外向者）。他们擅于和人打交道，在各种社交场合都能和他人相谈甚欢。而 i 人呢？由于不擅长社交，常常拿着杯饮料躲在角落里。

在领导和客户面前就更是如此了，e 人用几句话就能让人笑逐颜开，而 i 人哪怕被人夸赞了也只会一边摇着手一边说"没有没有"。这并不是因为 i 人缺乏能力或价值，而是 i 人的性格使然。是的，i 人在传统的职场上确实存在一些劣势。

01 i 人不太擅长向上管理

在职场中，向上管理是一种重要的软技能，指的是员工通过与领导有效沟通，让自己的工作更顺畅，同时也为自己争取更多的资源和发展机会。

首先，这种管理方式要求员工：在工作前先了解领导的期望和意图；工作中多汇报自己遇到的障碍和应对策略，做好对领导的期望管理；工作后还要及时总结，形成工作闭环。

然而，对于很多 i 人来说，主动与领导沟通并非易事。因为 i

人通常更倾向于**独自工作**，更习惯于**默默地完成任务**，而不是频繁地与他人交流互动。这种性格特点就可能导致他们在与领导的日常互动中**显得不够主动**，甚至有时会被误解为缺乏积极性或进取心。**尤其在一些多疑的领导面前，i人就非常容易因为这个特质吃亏。**

其次，由于心理学中互惠原理（人们对于他人给予自己的善意，会以相同或类似的方式回报他人）的客观存在，领导通常对夸自己、鼓励自己、给自己正反馈等情绪价值的人更有好感。

因此，从人性的角度来看，领导大概率会更喜欢多给自己正反馈、提供更多情绪价值的e人。而i人在表达自己需求时都会感到不自在，更不要说给领导提供情绪价值了。

你看，这是不是一个"扎心"的事实：**i人必须设法改变自己，让自己尽可能地向e人学习。否则，在传统的职场上，若是没有遇到贵人，i人就可能会错失不少机遇。**

我在10多年前就尝试过做出这样的改变：疯狂学习夸人技巧，学习如何察言观色，甚至主动帮领导拎包……

然而，表面上的改变与内心的挣扎形成了巨大的张力，这种张力曾经让我过度内耗。幸好，这种张力也给了我巨大的动力，终于让我在摸索中找到了一个副业：写作。

02　通常i人擅长的专家岗更可能被"工具＋初阶人才"取代

你可能会说，传统职场中专家岗的职业路线应该很适合i人。

但实际上，这个问题远比想象中的复杂得多。随着技术的进步和人工智能的发展，许多依赖专业知识的岗位正在被自动化工具接手。因此，**哪怕是 i 人擅长的专业领域，也可能因为技术的进步而让 i 人变得不再具有不可替代性。**

想想以前的钢铁厂老师傅，他们有一双"毒辣"的眼睛，看一眼就能判断出钢水的大致温度，并且误差不超过 5 摄氏度。这样的老师傅非常稀缺，是每个钢铁厂的至宝。但现在有了测温仪，只要将这种小巧的仪器往钢水上一照，它就能立刻显示出钢水的温度，误差不超过 0.5 摄氏度。你看，老师傅的经验虽然宝贵，但技术的进步无疑大大削减了老师傅的职场价值。

同样的情况也发生在创意行业。过去的插画师，需要经过至少 5 年的刻苦训练，才能成为一名合格的专业人士。但现在，AI 时代已经到来，AI 可以在几秒内生成一幅画质精良、细节完整的插画，这使得传统插画师面临严峻的挑战。

再看看数据分析、编程、设计等领域，它们原本都是 i 人的聚集地。然而，随着 AI 技术的进步，许多复杂的任务都可以通过算法自动完成。i 人引以为豪的专业技能可能正在逐步被技术替代。

除了技术的进步，"长江后浪推前浪"也正在上演：**初阶人才的成长速度大大加快。**通过简单的培训，更便宜的初阶人才就可以掌握使用先进工具的能力，从而完成大部分的基础工作。这样一来，i 人原本的一些优势就显得微不足道。

03　i 人需要形成自我复杂性

我并不是在制造焦虑，而是想告诉你一个需要认真对待的话题：i 人需要形成自我复杂性。

自我复杂性这个概念最早是由心理学家林维尔（Linville）在 20 世纪 80 年代提出的。简单来说，**自我复杂性指的是一个人的自我概念中有多少个不同的"自我面"，自我面越多，自我就越复杂**。也就是说，你的生活和身份越是多元，遇到压力事件时，这些事件对你整体的影响就越小。特别是当这些自我面之间的联系较弱时，一个方面的压力就不会轻易影响到其他方面。

以我的个人经历为例，我曾经是一名职场人士，这是我当时的一个自我面；后来，我又成了作家，这是我的第二个自我面；再后来，我还担任讲师，为企业提供培训，这是我的第三个自我面。因为每个自我面都能给我带来收入，所以当我在某个自我面中遇到压力事件，比如遭遇职场危机或暂时接不到讲课邀约时，由于另外两个自我面的存在，这些压力事件对我实际生活的影响就不会太大。

就像我由于不善于向上管理，曾在职场上拿到过极差的绩效，当年的年终奖只有往年的一半。幸好我还有写作和讲课这两项副业，这大大缓解了我的职场压力，而且那段时间正好我的《熵增定律：一切问题的底层规律》连续 170 多天在京东管理书榜上稳居前三，这让我接到了来自一家外企的讲课邀约。由此可见，**即使在一个自我面中受到了打击，我也能够在其他自我面中找回平衡和获得支持**。

这就是自我复杂性的妙处：**它不仅能够为你提供更多经济方面的保障，还能增强你的抗压能力。**对于 i 人来说，这一点尤为重要，因为 i 人往往容易在单一的角色中感到孤独和压力。通过构建多个自我面，i 人不仅能在不同的领域发挥自己的长处，还能在遇到挑战时有更多的退路和支持系统。

这也是我建议你要大胆地去发展副业的原因。通过发展副业，你可以建立多元化的自我身份。这样一来，无论在职业发展还是在个人成长方面，你都将拥有更多的选择和更强的灵活性。

04　最后的话

海伦·凯勒曾说：**"生活要么是大胆地冒险，要么就什么都不是。"**

对于 i 人而言，拓展副业不仅是对外部世界的探索，更是对内心深处潜能的挖掘。所以，我强烈建议 i 人从今天开始，勇敢地规避自己的劣势并设法走出自己的舒适区，然后用副业去构建属于自己的多彩人生。

当你有一天终于和我一样，成功让副业"支棱"起来时，你会发现，你的心理能量来源于你内在的丰盈与坚韧。

1.2 为什么"社恐"的 i 人更适合闷声赚钱

庄子在《在宥》中说：**"独往独来，是谓独有。独有之人，是谓至贵。"**

从庄子的话语中，我们可以窥见他也是个 i 人。i 人往往不善于社交，更倾向于独来独往。独来独往在过去常被视为不合群的表现，甚至有时被误解为孤僻。幸运的是，随着时代的发展，现在有了一个更为贴切且包容的词语来形容这种倾向——"社恐"。这个词语不仅为我们提供了一种新的视角去理解 i 人的行为模式，也促进了社会对这种性格特征的理解与接纳。

社恐，即社交恐惧症（Social Phobia），表现为个体在社交场合中感到极度不安和害怕，担心自己的言行举止会被他人评判或嘲笑。这种恐惧感可能导致 i 人尽量避免参加社交活动。然而，随着社会对心理健康的认识逐渐加深，越来越多的人开始理解并接受"社恐"这一概念，认识到它并不是一种性格缺陷，而是一种可以被理解的心理状态。

与此同时，也请千万不要轻视"社恐"，认为它只是一个带有自我调侃意味的负面标签。实际上，"社恐"正是 i 人悄无声息地创造财富的优势。对此，我有以下三大理由。

01 理由1："社恐"的 i 人更容易专注

你一定听说过"心流"这个词吧？**心流是指在进行某项活动时，你完全沉浸其中，忘记了时间的存在，达到了一种忘我的状态。**在这种状态下，你不仅能感受到极致的满足和快乐，而且工作效率和创造力也会大幅提升。

i 人更容易进入心流状态。这是为什么呢？

首先，i 人天生具有更强的自我意识和内在反思能力，这使 i 人更容易专注于内心的体验和感受。当 i 人投身到他们感兴趣的活动中时，这种内在驱动力会让他们把所有的注意力都倾注在当前的活动上，从而更容易进入心流状态。

其次，由于对外部社交活动的需求较低，i 人通常不会被过多的社交活动和外部事件打扰。这种相对安静的环境有助于 i 人降低分心的可能性。特别是在一些需要高度集中注意力的领域，如写作、设计、编程等，i 人似乎比 e 人更容易展现出超乎常人的耐心和毅力。这种持续而深入的投入，不仅能提高 i 人的工作质量和效率，更能促进 i 人技能水平的不断提升。

更何况，时间投入在哪里，产出就在哪里。这种持续而深入的投入，有助于 i 人在专业技能上达到更高的水平。而且，只要 i 人持续精进的这项专业技能始终被社会需要，那么这项具有积累性的专业技能就是一个 RUD 技能，即它会变得越来越**稀缺（Rare）、独特（Unique）、有壁垒（Defensible）**。因此，i 人更不容易"内卷"。

有一句话是这样说的：**凡是通过短期努力就能获得的结果，通**

常都会陷入"内卷"的结局；而凡是通过多年积累才能获得的结果，则会超越"内卷"，形成壁垒。这就是 i 人通过专注修炼 RUD 技能获得的巨大优势。

02 理由 2："社恐"的 i 人更容易成为学习高手

"社恐"的 i 人不仅在专注力上有明显优势，还特别擅长自我驱动地学习。这又是为什么呢？原因如下。

第一，i 人更擅长独立研究和自主学习。

e 人遇到问题往往习惯去问别人，i 人和 e 人则有很大的不同，因为 i 人"社恐"，这在以前可能是非常大的劣势，可现在有互联网。这为 i 人提供了前所未有的便利。通过搜索引擎、在线课程、论坛和 AI 助手等，i 人可以相对轻松地获取所需的信息和资源，而无须依赖他人。这种独立研究和自主学习的能力，使 i 人更可能在知识和技能的积累上略胜一筹。

第二，i 人有更强的适应孤独的能力。

e 人的特点是从与别人的交流过程中获得能量，而 i 人的特点则是从独处中获得能量。这种适应孤独的能力使 i 人在长时间的学习和工作中能够保持较高的效率和较强的动力。比如，达尔文倾向于选择自己一个人漫步在小树林里，而断然拒绝晚餐派对的邀约。他在宁静中获得了灵感，深入思考自然选择和物种进化的问题，最终提出了改变科学史的进化论。又如村上春树，他每天清晨独自跑步，享受独处的时光，这种独处让他能够静下心来，创作出一部部深受读者喜爱的作品。

独处是 i 人赖以生存的空气，独立思考是 i 人的力量所在。独处也让 i 人有机会深入挖掘内心的想法和感受，进行深刻的自我反思。这种自我反思能让 i 人在总结中日拱一卒，偶尔猛进。

03 理由3："社恐"的 i 人更容易做到事以密成

曾有 8 个字让我醍醐灌顶：事以密成，语以泄败。

什么意思？简单来讲，保守秘密可以让成功的概率更大；而说话不慎、广而告之，则容易导致事情失败。因此，**"有了目标后，要默默地去努力"**。这是为什么呢？

因为你在完成某件事情前便大肆宣扬，很可能会招致负面的反馈，这种情形并不少见。例如，假设一个 e 人立志要撰写一本书，他很可能会迫不及待地与周围的人分享这个计划。然而，在这些人中，不乏那些不仅不会给予支持，反而会质疑的人，他们可能会说："你真的具备写作才能吗？""你了解书号有多么宝贵吗？""即便你完成了作品，又怎能确保有出版社愿意出版呢？"

这类来自他人的话语，往往如同冷水浇头，让人在起步之初便遭受打击。这样的质疑不仅会消耗他的心理能量，还可能削弱他的行动力，使原本满怀激情的他渐渐失去前进的动力。

更何况，如果这件事最终未能如愿完成，那么先前的高调宣传便可能让他被贴上"夸大其词"或"言过其实"的标签。

这样的标签不仅会损害个人的信誉，更严重的是，**它会削弱一个人的自我效能感——即个体对自己实现目标和克服挑战的能力的信心**。当一个人的自我效能感低到一定水平时，他做任何事情都会畏首畏尾，甚至避免在未来尝试新的事物，因为他害怕再次遭遇失败和随之而来的负面评价。

而习惯事以密成的 i 人则能更好地保护自己的心理状态和积极性。对外，i 人隔绝了负面的声音；对内，i 人则构建了一个专注于目标、安全而低调的环境。

04 最后的话

心理学家米哈伊·奇克森米哈伊说："最幸福的人是那些能够完全沉浸在自己所做之事中的人，他们能够忘却时间，忘记自我，只关注当下。"

专注 RUD 技能，成为学习高手，推进项目时秉持"事以密成"的原则。正是这种沉浸式发展，让 i 人能够在独来独往的道路上创造出非凡的价值，在这个多元化的世界里，找到属于自己的舞台，活出真正的自我，获得物质财富与精神财富。

1.3 如何选择商业模式

企业要实现赢利，通常依赖一套行之有效的商业模式；同样，个人想要开展副业，也离不开商业模式的支持。理解不同商业模式的核心，能够帮助你找到最适合自己的发展方向，从而更有效地利用你的时间和资源。

在《财富自由之路》一书中，李笑来曾阐述过个人商业模式的3 种基础类型。这些模式不仅适用于个人发展，对于副业的选择同样具有指导意义。**很多人不了解这些模式，完全凭运气选择，结果选错了还不自知。**因此，帮助你了解每种模式的特点以及它们是否适合你，是本节内容的主要目标。

01 第一种模式：一份时间出售一次

这无疑是个人商业模式中最传统的一种类型，其本质与我们在正式工作中所经历的用时间换取报酬的过程非常相似。在这种模式下，我们通过投入一定的时间来完成特定的任务，以获得相应的报酬。典型的例子包括但不限于担任家教、从事临时翻译工作或进行设计外包工作等。这些都是基于个人技能的一对一交易，每一项工作的完成都会带来一定的收入。**然而，这类副业的一个**

显著特点是，它们的发展潜力在很大程度上取决于你能投入的时间。比如，作为家教，你的时间安排决定了你能教授多少学生；作为翻译或外包设计师，你能接的任务数量取决于你有多少空闲时间来完成这些任务。因此，**这种模式下的收入增长通常是线性且"天花板"较低的**，即你必须不断增加工作时间来提高收入水平，这无疑会对你的生活质量或主职工作产生影响。

当然，"提高单价"是运用该模式让你获得更多收入的有效策略。但别人为什么要为你更高的单价买单？这是你不得不仔细思考的问题。

所以，这种"一份时间出售一次"的模式的确可以让你赚一些辛苦钱，但如果你仅仅在这种模式上持续投入时间、精力，是十分不明智的。

02　第二种模式：同一份时间出售多次

这是一种收入"天花板"较高且极为高效的模式，也是我极力推荐你去践行的模式。因为它的核心在于创造一种可以反复销售的产品或服务，从而让你的时间价值得到最大限度的发挥。**该模式的魅力在于，一旦你完成了产品或服务的首次创造，便可以通过多次销售获得收益。**

以我的经历为例。我到目前为止已经写完了 18 本书，在已经出版的 12 本书中，除被买断版权的书外，每当有人购买我的书，我都能获得版税收益。**换言之，在我睡觉的时候，它们能为我带来所谓的"被动收入"。**

同样的逻辑适用于从事有声演播的有声艺术家。有声艺术家在把一本书演绎成有声广播剧后，只要有用户点播收听，他们就能获得收益。在这种模式下，有声艺术家只需录制一次，后续的播放和下载都不会消耗他们更多的时间和精力。随着有声读物市场的不断扩大，这种模式能为他们带来持续的收益。

你看，这种"同一份时间出售多次"模式的好处显而易见：通过一次性的工作可以获得长期的收益。尤其对出版书籍的作者来说，哪怕这位作者未来过世了，但根据《著作权法》，作者过世后 50 年里，他的遗产继承人都能享受到他的书籍被销售出去而获得的版税收益。**在这种模式下，随着时间的推移，你的努力会逐渐积累成一笔可观的"被动收入"。**

所以，"同一份时间出售多次"的模式为那些希望高效利用时间、创造更多价值的人提供了一个理想的选择。通过精心策划和执行，你不仅能为自己开辟一条稳定的收入渠道，还能在这个过程中不断提升自我，甚至形成个人的品牌和影响力。

03 第三种模式：购买他人的时间再卖出去

在这种模式下，你实际上相当于一个"时间经纪人"。这种模式涉及的不仅仅是个人的时间管理，还包括对他人的管理。它要求你能够识别他人的专长，并通过合理安排他们的工作来创造更高的价值。这是一种较为高级的模式，需要你具备较强的管理能力和组织能力。比如你是一名设计师，你在业余想和其他设计师共同成立一家小型设计工作室。你们畅想着再去雇用几名才华横溢的设计师，一起在设计领域叱咤风云，共同谋求一份工作之外的收入。

在你们的团队中，每个人的专长都不相同，有的人擅长平面设计，有的人则专注于网页设计。你作为工作室的负责人之一，负责接洽客户、分配任务及最终的交付工作。这样一来，你实际上是购买了设计师们的时间，使他们提供专业的设计服务并将其卖给客户。

这种模式的优势在于，你可以利用"他人"来完成更多任务，同时可以通过合理的分工来提高工作效率。比如，你可以专门负责市场推广和客户服务，而让设计师们专注于创作。这样一来，整个团队的生产力和创造力都会得到极大的提升。

然而，这种模式也会带来不少挑战。首先，管理一个团队并不是一件容易的事。你需要具备良好的沟通技巧、协调能力和决策能力。其次，你需要有足够的资金来支付设计师的工资和其他运营成本。最后，你还需要处理各种行政事务，如合同签订、财务管理等。

是的，想象和现实是不一样的。**想象能让我们看到一个副业的所有美好之处，现实则可能让我们看到一地鸡毛**。

这并不是说i人不能成功地经营需要管理和组织的副业，而是强调i人应当认识到自身的优势与局限性，并在此基础上寻找最适合自己的副业。通过扬长避短，i人可以在各自的领域发挥最大的潜能，而不是盲目跟风。

04　最后的话

选对商业模式，事半功倍。

发展副业，关键在于识别并拥抱那种既能淋漓尽致地发挥你的优势，又拥有广阔发展前景和可观"被动收入"潜力的商业模式。

当你的所作所为与你的天赋、兴趣及市场需求完美契合时，你便能真正实现个人价值的最大化。

1.4　怎样让优势长在趋势上

你一定听过"选择大于努力"，但具体要怎么选择呢？是选择行业，选择公司，选择跟对领导吗？这些是你在主业上的选择。而在选择副业时，你要设法选择"让优势长在趋势上"。

01　让优势长在趋势上

"让优势长在趋势上"这句话看似易于理解，但在实际践行时，很多人由于并没有真正领会其含义，往往容易走弯路。所以接下来，我就来谈谈我对这句话的理解，希望能给你一些启发。

第一，理解趋势的本质。

趋势指未来一段时间内持续发展的方向。比如，数字化转型、人工智能、内容经济、超级个体崛起等，这些都是趋势，而不仅仅是短期的风口。短期的风口虽然来势汹涌，但总是稍纵即逝。

所谓风口，都只是短暂的供需失衡。当供给变得充裕或需求被其他的需求替代时，风口结束的钟声就敲响了。而趋势则是历史发展的方向，通常能持续很长的时间。你只有理解了这一点，**才可以避免追逐短期风口，着眼于长远发展。**

第二，识别个人优势的本质。

每个人都有自己的特长和兴趣。但今天你的特长不代表未来你的优势。有一句话讲得特别好：**你相信你是谁，远比你当下是谁更重要。**

10 年前，我总结过我的优势：PPT 制作能力、数据分析能力和演讲能力强。这 3 种能力构成了当时我的核心竞争力。但我能否直接使用这 3 种能力开拓自己的副业呢？很遗憾，我尝试过，但我发现很难得到好的结果。

但之前被我忽略的写作却在后来被证明是一条康庄大道，而且从目前的进展来看，我也越来越相信自己将来能成为一个著作等身的作家。

第三，寻找切入点，以战养战。

当你看到了某个趋势，也大致判断出个人的优势后，如何切入是一个关键问题。

最有效的途径是从小型项目开始，在实践中逐步积累经验和资源。例如，我初次尝试的小项目便是撰写微信公众号文章。在这个过程中，我结识了许多志同道合的写作者。随着彼此关系的加深，他们引荐我加入了一些在线平台，分享我的作品。就像我之前提到过的，在简书这一平台上，我的几篇文章有幸得到了编辑的认可，并被推送至首页展示。正是这些获得了高关注度的文章，最终吸引了出版界编辑的目光，从而让我有了后续的一系列机遇。

但很多人在面临这类小型项目时，总爱瞻前顾后，觉得自己没准备好，因此迟迟未展开行动，**在这种漫长的犹豫和思虑中，宝贵的时间悄无声息地流逝了。待到中年危机来临之际，他们才懊**

悔不已，感叹为何未能早些迈出第一步。

02 如何践行，三步走

更关键的问题是，具体如何开始呢？一共分为 3 个步骤。

第 1 步，趋势预判。

预判的核心在于理解人类的需求变化，这是所有商业活动的基础。**一切商业的本质都是为了满足人们的需求**。例如，电子商务的兴起使得越来越多的人开始习惯在线购物，这反映了消费者需求的变化趋势；移动互联网的普及导致智能手机的广泛使用，越来越多的人通过手机获取信息和服务，这一变化同样体现了消费者需求的演变。

那么，未来的趋势又会是什么呢？如今，人们的物质生活已经相当丰富，衣食住行几乎不再是问题。但在精神层面，人们的需求却日益增长。比如，越来越多的人不愿意仅仅为了他人的目标而辛勤工作，他们渴望追求自己的梦想和价值。因此，副业成了许多人的选择，它不仅为人们提供了额外的收入来源，还满足了个人发展的需求。又如，现代社会的压力越来越大，越来越多的人需要情绪和心灵上的关照，因此，情绪管理和疗愈的市场需求正在快速增长。

预判这些趋势，可以帮助你更好地规划副业的方向，将个人能力和市场机遇结合起来，进而更易达成预期目标。

第 2 步，优势匹配。

这里的优势并不是指你现在拥有的优势，而是指未来你能发展出来的优势。你需要找到一个既符合趋势，又能让你安心发展的窗口。

那么，这个窗口要怎么才能找到呢？关键在于两个要素：**愉悦度和心流体验**。

先来看愉悦度。做任何事情，无论是脑力活动还是体力活动，都会消耗你的能量。但每个人在做不同的事情时，能量消耗的程度是不一样的。有些事情虽然会消耗你的部分能量，但能给你带来精神上的愉悦。例如，我每天完成既定的稿件撰写任务后，都会感受到愉悦。有些人则在拍摄、剪辑和发布一条短视频后会感到愉悦。因此，你需要找到那些能让你感到愉悦的事情，这些就是你的发展方向。

心流体验是第二个要素。你在做某件事情时，如果感到全神贯注，不觉他物，时间仿佛飞逝，那么你就获得了心流体验。例如，我的一位朋友大 F 在与他人交流时特别能共情他人，能够在一对一的谈话中让双方都获得非常良好的心流体验。因此，对大 F 来说，与他人进行一对一的交流就是既能让他感到愉悦，又能让他获得心流体验的活动。

如果你到现在还没有找到自己的发展方向，没有关系。这可能是因为之前你一直在为改善生活而奔波。但从你读到这段内容开始，以当下为起点，尽可能多地去尝试各种事情，然后密切关注这些事能否让你感到愉悦，并看看是否能够获得心流体验。

通过这种方式，你可以逐渐发现自己真正热爱和擅长的事情，从而找到一个既符合趋势又能让你安心发展的方向。这不仅有助于你在副业之路上取得成功，还能让你的生活更加充实和有意义。

第 3 步，把知识变成认知。

你知道"知识"与"认知"最大的不同是什么吗？**知识只存在于头脑中，而认知还需要付诸行动，交付结果，并把它们变成你的"成果"。**

华与华创始人之一华杉老师在一次访谈中曾说：**"一天怎么样才不虚度呢，就是要留下成果。"**确实，只有不断地在前行的路上创造和积累成果，你"长在趋势上的优势"才能够持续扩大。

成果可以是微小的成果，比如一篇文章、一段音频或一条短视频；也可以是阶段性的重大成果，如一本书或拥有一定数量粉丝的社交媒体账号等。以本书为例，它便是我交付的重要成果之一，是我一点一点写出来的，也是我未来实现著作等身目标的一部分。

所以，你如果不想"知道很多道理，却过不好这一生"，请务必**把知识变成认知**，付诸行动并交付成果吧。

03 最后的话

在这个充满不确定性的时代，"选择大于努力"已经成为许多人的共识。所以，在选择副业时，最重要的是学会"让优势长在趋势上"。

着眼于趋势，关注那些代表未来发展方向的需求增长点。

着眼于未来的你，通过观察愉悦度和心流体验来准确识别个人的优势。

着眼于微小项目，采取以战养战的方式迅速实践，不断积累经验和资源，将知识转化为认知，获得一个个具体的成果。

未来的你，必将因今日的思考和行动而闪耀。

1.5 提升认知水平才能提升胜率

你是否期望提高成功开展副业的概率呢？我猜答案是肯定的。然而，要想真正提高成功的概率，有一个前提条件至关重要——提升自己的认知水平。

所以，在这一节，我将与你分享 3 种曾让我大幅提升认知水平的思维模式，相信它们同样能够为你的思考和行动带来启发。

01 第 1 种思维模式：榜样思维

我们从小就被教育要向榜样学习，这确实是有道理的。原因在于，榜样能给我们带来 3 个重要的好处。

第一，让我们拥有后发优势。

由于榜样已经验证了某条道路的可行性，我们在这条道路上前进时，自然会比最初的探索者更加坚定。不妨设想一下，如果你是最早研究某个领域的科研人员，每当遇到技术瓶颈时，你难免会有所动摇："这真的可行吗？这条路会不会是条死胡同？我投入如此多的时间和精力，最终能否有所收获？"

然而，如果已有相关成果被他人成功发明，那么在进行类似研究时，你内心的不确定性将大为减少。当面临研发障碍时，你可能会坚信这只是因为方法存在问题，而非整个方向是错误的。因此，你会更加专注于调整策略和技术手段，而不是质疑整个项目的可行性。这种坚定的信心无疑会大大提高你最终取得成功的概率。

第二，让我们获得自我效能感。

自我效能感，是一个人对自己能否在特定情境下达成目标的自信。以温州为例，那里之所以能孕育出众多成功的商人，关键因素之一就是环境的影响——那些商人的许多亲戚朋友就是商业领域的佼佼者。

正是这些身边榜样的示范作用，极大地增强了个人面对挑战时的自信。当你看到身边的人通过努力实现了目标，这种正面的示范作用会让你觉得自己同样能够做到。因此，你会更加愿意投入更多的时间和精力去追求自己的目标。而时间与精力的投入量，往往直接决定了最终的产出质量。简而言之，你投入多少，收获就有多少。

第三，让我们的目标具象化。

榜样不仅能为你提供信心上的支持，更是你行动上的指南针。当你有了明确的榜样，无论是在副业的选择与决策过程中，还是在产品或服务的开发方面，甚至是在市场推广、获取客源的策略选择上，你都能找到一条清晰的路径。

这样的具象化目标，就像给你的探索之旅装上了导航系统，能大大降低你盲目摸索的时间成本，让你更快地找到适合自己的方法和路径。通过观察榜样，你可以更加直观地理解如何将理论知识转化为实际行动，以及如何应对可能出现的各种问题。这种具象化的学习方式，不仅能提高你的效率，也会让整个探索过程变得更加有序和可控。这就是榜样的力量，他们能让你的每一步都走得更加坚定和清晰。

02 第2种思维模式：终局思维

终局思维是指在开展任何行动前，先设想自己在未来某个时间点希望达到的状态或成就。这能够帮助你清晰地定义目标，确保每一步行动都朝着最终的目标迈进。通过终局思维，你能更好地评估当前的选择是否有利于实现长远目标，避免因短视而做出可能阻碍未来发展的决定。

终局思维能帮你厘清你的具体目标。例如，我的写作终极目标是实现"著作等身"，即出版 50 本书。为了达成这个终极目标，我需要将其分解成若干个阶段性目标，每个阶段都有其特定的任务和挑战。

第一阶段（黑洞期）的目标

起初，我的水平有限，写作速度慢，作品又不尽如人意，因此，我需要耐心度过这段漫长的黑洞期，通过不断练习和学习，逐渐提升自己的写作技能，同时寻找机会发表作品，哪怕是在小众平台上发表。

第二阶段（爬坡期）的目标

随着写作经验的累积，我的作品质量开始稳步提升，终于有作品突破了 10 万册的销量，成了畅销书。在这一阶段，我的知名度和影响力逐渐提升，有更多出版社愿意与我合作。此时，我不仅要保持高质量的创作，还要学会如何利用已有的资源进一步扩大自己的读者群。

第三阶段（高产期）的目标

经过长时间的努力，我进入了高产期。此时，我已经拥有了稳定的读者基础，写作技巧也达到了一定的水平，每年都能有多本新书问世，每一本都可能受到市场的欢迎。在这个阶段，我的主要任务是保持创新，同时探索新的领域和形式，以保持作品的新鲜感和竞争力。

通过这样的阶段性规划，我就可以更有针对性地制订计划，确保每一步都朝着最终的目标稳步前进。终局思维不仅为我指明了方向，还为我提供了应对挑战的动力和策略。

03 第3种思维模式：概率思维

什么是概率思维？**概率思维是指在面对不确定性时，通过分析和评估不同选项的成功概率，做出更为理性选择的一种思维方式。**概率思维的核心在于承认没有任何事情是百分之百确定的。理解这一点后，我们可以通过收集信息、分析数据等方式，尽可能提高成功事件发生的概率，同时降低失败的风险。

依旧以我的写书副业为例。写作是一项需要投入大量时间的工作，而由于它是副业，我最初没有太多时间可以投入其中。面对这个问题，一个切实可行的解决方案就是设法逐步让我写书获得的收入能够高于我上班的工资收入，这样我就能逐渐将副业转变为主业。

然而，将副业转变为主业需要克服许多困难。这时，我想起了一个著名的定律——帕累托定律，又称"二八法则"。该法则指出，20% 的努力往往能带来 80% 的成果。在写书这件事上，我问自己：如果我出版 10 本书，是不是其中有 2 本书可能会成为"爆款"？

实践证明，二八法则确实有效。在我已经出版的 12 本书中，有两本书成了销量超 10 万册的畅销书，而这两本书给我带来的收入远远超过了我主业的收入。因此，我在 2024 年顺利地从一个业余作者转型为专业作家。

那么，未来呢？根据二八法则，我的 50 本书中预计会有 10 本书成为销量超 10 万册的畅销书，而在这些畅销书中，或许会有两本书成为销量超百万册的畅销书。这是概率思维的第一种运用。

概率思维的第二种运用则可以帮助我们提升成功的概率。以一本书的出版为例，你知道关键要素是什么吗？答案是：**选题、书名、封面设计、一句话营销词及销售渠道。**

想象一下，有两个作者，一个写了 30 本书，另一个只写了 3 本书。如果他们都在上文提到的 5 个关键要素上下了苦功，那么谁的知识资源和渠道资源会更丰富？答案不言而喻，当然是那个写了 30 本书的作者。

这个作者长年累月地实践、测试、获得反馈和积累，就像在概率的海洋中航行，不断地调整航向，积累经验。他在这个过程中，不断地发展自己的概率思维，也就是那种能够预见和把握成功机会的能力。这种能力为他在走向成功的道路上铺设了更加坚实的基石，赋予了他更大的优势。

通过概率思维，我们不仅可以更理性地面对不确定性和决策，还能通过科学的方法提高成功的概率。无论是对写作、新媒体工作而言，还是对其他事情来说，概率思维都是一个强大的工具，能帮助我们在复杂多变的环境中找到尽可能优的路径。

04 最后的话

提升认知水平是提高副业成功概率的关键。

通过榜样思维，我们能利用后发优势，增强自我效能感，同时具象化我们的目标，使我们的每一步都更加坚定和清晰。

通过终局思维，我们可以规划长远目标并将其分解成阶段性任务，确保每一步都朝着最终目标前进，同时其能为我们提供应对挑战的动力与策略。

通过概率思维，我们更容易在面对不确定性时做出理性决策，通过分析和评估不同选项的成功概率来优化选择，从而逐步提高成功的概率。

愿你在追求梦想的路上，**不仅有坚定的目标，还有灵活的策略；不仅有前行的勇气，还有反思的智慧**。愿你在未来的副业之路上，走得更稳、更远。

提升认知水平，拥抱科学思维，让你的每一步都算数。

第二章

榜样篇

2.1 你选择创造价值还是传递价值

副业是商业的一种形态。而所有的商业，都离不开创造价值和传递价值。

01 创造价值

什么是创造价值？即创造一个独特的价值点，以满足用户的某种需求。它的本质是创新。

以我的经历为例。

2009 年，我发现了市场上的两个机会：淘宝刚刚起步，线上流量的价格非常低；生日礼品市场同质化严重，缺乏令人眼前一亮的个性化产品。经过一番摸索和测试，我发现不少淘宝用户愿意花费 78~168 元，购买个性化的生日礼品送给朋友。同时，满足这一需求的产品的材料成本低于 20 元。于是，我推出了一种全新的生日礼品——像书一样的本子。

什么是像书一样的本子？用户只需提供以下信息：朋友的照片、朋友的名字、一个书名、一句或一段话。接着，我利用当时还不太普及的 PS 技术制作出一张书皮，然后，以用户朋友的照片作为封面，以其名字作为作者名，在书脊上印上书名和作者名，在本子的背面写上那句或那段话，最终，制作出一本优质的空白道林纸或复古牛皮纸内页的本子，并寄给用户的朋友。

用户收到朋友获得礼物的反馈后，纷纷给我的小店好评，甚至有人留言："朋友收到本子后，感动得都流泪了。"

你可能会问，这个副业看起来挺不错嘛，为什么后来不做了呢？原因在于我当时并没有意识到"一份时间出售一次"与"一份时间出售多次"的区别。制作"像书一样的本子"显然属于前者。每次我都需要根据用户的需求进行个性化定制，而平均设计一张书皮的时间是 1 小时，遇到要求高的用户，甚至要修改 4 小时。4 小时只能赚几十元，这种副业的性价比实在太低了。

多年后，我的另一项具有"创造价值"属性的副业便是写书。正如我们之前讨论的，写书是典型的"一份时间出售多次"的副业。只要你能洞察并满足读者的某些内容需求，将个人的经验、研究、思考或故事凝练成文字，从无到有地创造出一本书，那么，这本书后续的每一次销售都会是对作者辛勤付出的一次回报。

甚至有一位编辑老师这样类比：**每一本书都好比一只会下金蛋的鹅。只要你确保"鹅"的质量，即书的内容质量，它就能持续不断地为你带来收益。甚至在作者去世后的 50 年内，他的书仍可为其遗产继承人带来稳定的收益**。这不仅是对作者的创造力的认可，也是其作品拥有持久价值的证明。

02 传递价值

那什么又是传递价值呢？有一句话你一定听过："酒香也怕巷

子深"。**传递价值，就是在已有价值的基础上，通过有效的传播手段，让这份价值被更多的人知晓和接受。**无论是产品推广、品牌建设，还是信息分享，都是传递价值的具体表现。

我在喜马拉雅工作过 5 年，在喜马拉雅的众多业务中，有一项专门培养"有声者"的业务。"有声者"可以把一本书用他们的声音演绎出来。这主要满足的是很多用户想在通勤路上让时间利用得更充分的场景化需求。

在此过程中，"有声者"并没有参与书籍内容的创作，他们的工作是将文字转化为富有感染力的声音，通过自己的声音和情感表达技巧，让听众能够在忙碌的生活中，通过耳朵享受书籍带来的乐趣。他们不会简单地朗读，而会深入理解书籍内容，把握作者的情感和意图，再用自己的声音将其生动地呈现出来。例如，对于小说，"有声者"需要根据不同角色的性格特点，调整自己的语速、音调和语气，使每个角色栩栩如生；对于科普类书籍，"有声者"则需要准确清晰地传达复杂的概念，确保听众能够轻松理解；对于心灵鸡汤类的书籍，"有声者"则要善于捕捉书中的温情与哲思，用声音抚慰人心。

在这个过程中，"有声者"通过自己的理解和表达，增强了原作品的表现力，使得原本的文字作品得以跨越媒介的界限，以更加丰富多彩的形式呈现在听众面前。这种传递价值的方式，是一种借势，即借助原作品的影响力来获得"有声者"自身的收益。

"有声者"的工作同样具有"一份时间出售多次"的特性。他们只要完成了作品的制作，并将其上传到服务器，用户就能随时随地通过不同的设备访问和收听。这意味着，一旦作品上线，无论是在白天还是夜晚，无论是在城市还是乡村，只要有网络连接，任何人都可以反复收听，而每一次收听都是对"有声者"劳动成果的一次认可，"有声者"也可以在用户收听的同时赚取收入。

当然，"有声者"只是我举的一个例子，"有声者"对一个人的声音条件会有一定的要求，并不是每个人都适合成为"有声者"。但你可以顺着传递价值的思路，寻找其他适合自己的方式来传递价值。

03　达成交换

无论是创造价值，还是传递价值，最终的目的都是达成交换，实现交换双方的互利共赢。

在过去，基础设施和技术相对落后，i 人不像 e 人，可以轻易放下包袱，直接面对客户；或者自主创业，在商业的浪潮中披荆斩棘。i 人要想参与到商业活动中，不得不成为"公司机器"的一部分，通过公司这样的接口，与整个社会进行价值交换。比如，你可能是一个生产人员，与团队协作，把产品从无到有地生产出来；你也可能是一个市场人员，通过策划活动，让产品更多地触达终端用户。无论你是什么角色，你通常都需要先加入一家公司，成为某个商业环节中的一员，依靠公司的生产链、销售渠道和品牌效应来实现产品的市场化。这种模式虽然稳定，但也限制了你的自主性和创新能力。

然而，随着移动互联网、移动支付等新基础设施和新技术的不断完善，i 人也完全可以通过这些新基础设施和新技术直接与用户进行价值交换。如今，这些新基础设施和新技术的日渐成熟，为 i 人带来了前所未有的机会。无论是创造价值还是传递价值的副业，都渐渐呈现在 i 人面前。

通过这些新基础设施和新技术，i 人可以更加自由地选择自己的发展方向，不再受限于传统的公司结构。i 人可以开设网店，通过社交媒体推广自己的产品；可以成为一名自由撰稿人，通过付费专栏或知识星球分享自己的知识和见解；也可以成为有声读物主播，用声音传递知识和情感。这些机会不仅为 i 人提供了展示才华的舞台，也让 i 人能够在商业世界中找到属于自己的位置。

04　最后的话

如果你是 i 人，请务必抓住历史给予我们的副业机会。无论你选择创造价值，还是传递价值，相较于过去，你都更有可能与用户进行更为直接的价值交换。接下来，让我们一起来看看 4 类榜样。

2.2　创造价值案例：运营知识星球，被动收入超过主动收入

2019 年，我结识了一位"星球球主"——同为 i 人的小 Q。当时，我对她创立的知识星球能否取得成功抱有不少疑虑。

然而，不到 5 年的时间，她运营的"YS 运营知识星球"不仅站稳了脚跟，还吸引了超过 9000 名会员，每位会员每年需支付 499 元的会费。即便在促销期间和平台抽取 20% 的服务费后，这个数字依然让人感到震撼。简单计算一下，即便扣除所有费用，这位星球球主一年的净收入也相当可观。这正是她能够实现被动收入超过主动收入，成功地以副业为起点，从普通上班族转型为一人公司创始人的重要原因。

接下来，我将从**需求、解决方案、商业模式与增长** 4 个维度来为你拆解这位榜样，希望能对你有所启发。

01　维度 1：需求

在商业领域，所谓的需求，是指消费者对某类产品或服务的需要，这种需要可能出于解决问题、改善生活品质、满足兴趣爱好等多种目的。如果一个产品或一项服务没有从**满足特定用户的特定需求**出发，那么即便其使用的技术再先进、功能再强大、内容

再翔实，最终也难以在市场上立足。那么，YS 运营知识星球到底满足了什么人的什么需求呢？

从小 Q 给星球起的名字就能看出，她的目标受众很清晰，是运营人员。这些运营人员在工作中最头疼的问题包括**如何促进用户增长、提高用户付费转化率及实现用户的口碑传播和裂变等**。

这些问题是小 Q 在其职业生涯中亲身经历过的挑战，所以她有非常深刻的体会。因此，她洞察到，这些问题，不仅是他们工作中的真实痛点，也是他们职业发展过程中亟须解决的关键问题。由于这些问题直接关系到他们的工作表现和个人发展，加上 500 元以内的年费通常在许多企业的培训报销范围内，因此，YS 运营知识星球不仅为目标受众提供了有价值的内容和服务，还契合这部分人群的经济承受能力。

02　维度 2：解决方案

那什么又是解决方案呢？它是指，针对已识别的需求提供的具体应对措施或方法。你也可以把它简单理解为，当用户有这个需求的时候，你拿什么样的具体产品或服务去满足用户的需求。

深入剖析 YS 运营知识星球提供的解决方案，你会发现星球球主小 Q 主要交付的是以下 3 个权益。

第一，案例拆解。

运营人员为什么要拆解增长案例呢？因为增长案例通常来自真实的业务场景，能够为运营人员提供宝贵的实战经验。通过拆解这些案例，运营人员不仅能够学到理论知识，还能了解这些理论知识在实际中的应用效果。

更有价值的是失败案例的拆解，因为对失败案例进行拆解，运营人员通常能见识到很多陷阱和错误，从而避免在工作中陷入类似的困境。

第二，各类高效的工具和 SOP 的分享。

除了案例的拆解，小 Q 还分享了大量高效的工具和 SOP（Standard Operating Procedure，标准操作程序）。这些工具和 SOP 涉及运营工作的各个方面，从用户增长到内容营销，从数据分析到活动策划，应有尽有。

高效的工具能够显著提高运营工作的效率，减少重复劳动，让运营人员能够把更多的时间和精力集中在核心任务上。例如，各大每日热榜的汇集网站，能够让运营人员轻松了解每日热点，及时调整内容策略；层出不穷的 AI 工具也能大大降低运营成本，提升工作效率。这些工具不仅简化了复杂的操作流程，还为运营人员提供了更多的创新空间，使他们能够在竞争激烈的市场中保持领先地位。

而 SOP 的价值更是不可小觑。例如，如果运营人员在直播运营方面经验不足，一份翔实的 SOP 可以为他们提供一个清晰的框架，帮助他们快速上手。在此基础上，他们可以在实际操作中不断迭代和优化，逐渐打造出一份更适合自己项目的 SOP。

第三，无限次一对一提问的机会。

这是一个会员可以主动向星球球主提问的权益。有这样一句话："要向拿到过结果的人学习。"小 Q 显然是一位在运营领域取得过显著成果的人，拥有比普通运营人员更丰富的经验。小 Q

的一句话，可能就能让会员立刻意识到问题的本质或其中隐藏的机会。

通过这个权益，会员可以随时随地向小 Q 提出问题，无论是涉及具体的运营策略、数据分析方法，还是关于职业发展的建议，会员都能得到专业的回答和指导。

03　维度 3：商业模式

商业模式，说得直白一点，就是星球球主小 Q 在精准识别了人群的需求并为其提供了解决方案后，她的收入项是什么？收入项有多少？她的成本项是什么？如何评估成本？

先看收入项。

YS 运营知识星球的主要收入来源是会费。每位会员每年需支付 499 元的会费，但小 Q 通常会通过提供折扣的方式来促成交易，以平均 7 折计算的话，会员费为 349.3 元。根据目前可以观测到的数据，YS 运营知识星球已有超过 9000 名会员（这里我们按照 9000 人计算）。具体计算如下。

会员人数：9000 人

会费（7 折）：349.3 元

总收入：9000 × 349.3 = 3143700 元

平台服务费：3143700 × 20%（仅供参考）= 628740 元

理论净收入：3143700 − 628740 = 2514960 元

不过 YS 运营知识星球不续约的用户依旧会显示为会员，因此我们还得计算复购率，若悲观一点，假设复购率为 30%~40%，在不考虑新会员增长的情况下，小 Q 在知识星球这个项目上的次年净收入也有：251 万元 ×（30%~40%）=75 万 ~100 万元。

再看成本项。

YS 运营知识星球主要是一个内容型产品，尽管从分类来看，其成本结构可以分为内容生产成本、运营成本、用户增长成本 3 个模块。但无论是专业内容的撰写、SOP 及其他材料的整理收集、外部专家的邀约（内容生产），日常维护知识星球时的一对一用户答疑（运营），还是依靠内容驱动实现的新用户增长（用户增长），主要都是由小 Q 个人完成的。因此，可以说 YS 运营知识星球的最大成本，主要还是小 Q 个人投入的时间成本。

04　维度 4：增长

几乎任何产品或服务的复购率都不可能达到 100%。因此，保持付费用户的增长就非常关键。小 Q 是如何保持付费用户增长的呢？主要有两大渠道。

第一，公众号。小 Q 几乎做到了日更公众号内容。由于公众号和微信同属微信生态，从公众号到微信私域的导入非常顺畅。通过频繁的内容触达，用户对小 Q 的个人 IP 逐渐产生熟悉感和信任感。随着信任感的逐步建立，部分公众号的粉丝自然会转化为她的 YS 运营知识星球的付费用户。

第二，播客。公众号的粉丝增长速度可能有限，而近年来逐渐兴起的播客成了小 Q 获客的另一个重要渠道。播客作为一种音频节目，不需要真人出镜，对 i 人来说非常友好，且制作成本相对较低。因此，作为一种获客增长的渠道，播客表现得也十分出色。

05　最后的话

作为一个不愿意出镜的 i 人，小 Q 通过深刻理解运营行业的真实需求和为用户提供有针对性的解决方案，不仅构建了一个拥有超过 9000 名付费会员的知识星球，还实现了从普通上班族到一人公司创始人的蜕变。

小 Q 成功的关键在于精准定位目标群体的需求，为其提供高质量的内容和服务，采用有效的用户增长策略，以及进行出色的时间和精力管理。小 Q 的经验表明，只要有明确的目标、科学的副业策略和持续努力，i 人同样有机会在互联网时代找到自己的舞台。希望小 Q 的故事能够激励更多有志于创造价值的 i 人，从副业开始，勇敢迈出自己的第一步。

2.3 传递价值案例：有声演播，粉丝超百万

第二位榜样是一位"有声者"：小 Z。

小 Z 原本是一名传统媒体从业者，生活节奏快却稳定。然而，正如著名主持人张泉灵女士所言：**"当时代决定淘汰你时，它甚至不会说一声再见。"** 面对传统媒体行业的衰退，小 Z 在而立之年的十字路口感受到了前所未有的困惑与挑战。

为了应对生活带来的压力，小 Z 曾广泛地向各个行业的企业投递简历，从汽车制造行业到消费品行业，再到房地产行业，他都未曾放弃寻找机会，然而每次努力都未能开花结果。正当他陷入迷茫之时，命运却为他打开了一扇新的大门。

一次偶然的机会，小 Z 看到了我的前东家——喜马拉雅——在微信朋友圈投放的一则招生广告，这一次大拇指与屏幕的触碰让他走上了有声演播之路。

自此之后，小 Z 正式踏入了有声演播的领域，虽然过程也并非一帆风顺，但通过一个个代表作的发布，他逐渐积累起大量忠实听众。截至目前，小 Z 在喜马拉雅平台上已拥有超过 300 万粉丝。虽然我目前无法直接了解他的具体收入情况，但根据播放量等公开数据进行估算，小 Z 的收入水平应当早已媲美甚至超过许多高级白领。特别是当他的某些作品成为"爆款"时，他的收益更是令人羡慕不已。

小 Z 的有声演播之路你能否借鉴呢？接下来，我们继续从**需求、解决方案、商业模式与增长**这 4 个维度来拆解小 Z 的项目。

01　维度 1：需求

随着移动互联网技术和智能设备的普及，人们的生活节奏变得更快了，人们越来越重视如何高效地利用碎片化时间。在这种情况下，听书、听在线课程这样的形式因为方便和灵活，受到了很多人的喜爱，成了现代人获取知识与信息的重要方式之一。尤其是在上下班的路上、健身或做家务等视觉受限的场景中，人们就可以通过听音频来更好地利用时间。

但是，好的东西往往价格不低。比如，精心制作的在线付费课程的价格一般为 99~299 元，这对一些人来说可是一笔不小的开销。同时，网上虽然有很多个人爱好者分享的免费音频，但其质量往往不尽如人意，存在更新不及时、音质差、业余演播者会磕巴等问题。与此同时，虽然现在的人工智能技术已经能让机器发出听起来很自然的声音，但在表达情感方面，机器还是显得有些生硬，很难做到像真人那样细腻地传达情感。所以，听众对于高质量的有声读物存有期待。

而且，小 Z 演播的品类主要是非虚构的社科书籍，不同于小说，这类书籍往往能够为用户提供更为实用的知识，使他们在完成一本书的聆听后有获得感。因此，小 Z 的演播不仅满足了人们碎片化学习的需求，还在一定程度上满足了人们追求自我成长和价值实现的心理需求。

在这样的背景下，平台、书籍版权方和有声演播主播就能通过协作为有这类需求的听众一起构建解决方案了。

02　维度 2：解决方案

平台作为解决方案的构建者，负责搭建解决方案的协作框架，确保各方能够在这一框架内创造价值、传递价值并获取价值。这一过程涉及多个关键角色。

第一个角色是平台。

平台通过流量的聚集与分发传递价值。例如，公开数据显示，2021—2023 年，喜马拉雅月活跃用户数为 2.68 亿~3.03 亿，日活跃用户的每日收听时长为 130~144 分钟，付费率则为 12% 左右。在海量用户的聚集下，平台会通过算法把不同类型的优质内容传递给拥有不同兴趣的用户。

第二个角色是书籍版权方。

传统出版社的核心业务主要围绕纸质书的策划和销售展开，因此，提升纸质书的销量一直是它们的首要任务。而有声书的推广不仅能够显著增强书籍与潜在读者之间的联系，还可能激发更多读者的兴趣，促使他们进一步购买纸质书以供收藏或深入研读。例如，小 Z 账号下的《被讨厌的勇气："自我启发之父"阿德勒的哲学课》一书的有声书版本，播放量已超过 1400 万次，这种高曝光度对于该书纸质版长期占据各大畅销书排行榜发挥了重要作用。此外，书籍版权方还能根据会员用户的播放记录获取额外收益，开辟了新的赢利渠道。

第三个角色是"有声者"。

小 Z 便是一位"有声者","有声者"在有声书产业链中负责音频生产的工作,扮演着不可或缺的角色。他们的工作重心在于将书面的文字转化为生动、吸引人的声音,为用户提供听觉上的愉悦体验。

"有声者"通过平台试音后,可以接取任务,获得版权授权,录制有声书。当然,"有声者"需要具备良好的语言表达能力、声音表现力及对文本内容的理解和诠释能力。"有声者"的演绎能够直接影响有声书的质量和用户的体验。优秀的"有声者"不仅能够忠实地传达作者的意图,还能够通过声音吸引和留住用户,增强有声书的吸引力和市场竞争力,让用户沉浸其中,收获满满。

第四个角色就是用户。

用户是平台解决方案的最终受益者。他们通过支付会费享受平台上大部分精品内容的畅听服务。这一庞大的付费群体形成的资金池促使前文所述的各个角色积极参与到解决方案的构建中,共同推动音频内容生态的繁荣与发展。

03 维度 3: 商业模式

你可能最关心的是,作为"有声者",要怎么在这个解决方案中赚钱,又能赚到多少钱呢?

事实上,当一个"有声者"在他的账号中上传精品内容并被付费会员收听后,平台会通过后台算法给予他相应的酬劳。

公开数据显示,喜马拉雅的"90 后"有声主播陶勇祥(账号名称是"有声的紫襟"），尽管大学肄业，却靠讲故事月入百万。2019 年 10 月 17 日，陶勇祥登上"2019 福布斯中国 30 岁以下精英榜"。小 Z 虽然无法和陶勇祥相比，但作为一个拥有 300 万量级粉丝的主播，也早已将"有声者"的工作从副业转变成了主业，过上了让许多人羡慕的日子。

而且，一旦声音专辑上传至平台，它将展现出明显的长尾效应——这意味着即便"有声者"不再主动推广，只要会员用户持续收听，"有声者"就能获得稳定的被动收入。

因此，对于任何有意投身此领域的人来说，若能专注于声音技巧的精进，每月定期参与试音并承接新的有声书录制任务，将制作完成的作品上传至会员专区。那么，随着时间的推移，创作者的专栏将累积起一系列高质量的作品。这些作品如同会下金蛋的鹅，每当会员点击收听时，便会源源不断地为创作者带来收入。

04　维度 4：增长

不同于知识星球，许多音频平台是公域，即平台本身拥有大量的用户，而创作者（如小 Z）可以通过平台提供的工具和服务，将其内容展示给尽可能多的潜在听众。这为创作者提供了便利条件，所以，小 Z 若想实现粉丝和收入的增长，最重要的是做好 3 件事情。

第 1 件事，不断提升声音质量。在内容的世界里，马太效应尤为明显。内容质量越高，越能吸引用户的关注和喜爱，进而促使平台的算法为创作者推荐更多的流量。平台的目标是通过优质的内容留住用户，延长用户的停留时间。因此，优秀的内容创作者不仅能够赢得用户的青睐，还能获得平台的大力支持，形成良性循环，进一步巩固其在内容领域的地位。

第 2 件事，增强粉丝黏性。除了提供优质的作品外，小 Z 还注重加深与听众的情感联系。每完成一段有声书的演播后，他都会分享自己对这本书的独特见解。这样做能让听众感受到小 Z 的专业性和深度思考，也让小 Z 的形象在听众心中变得更加鲜活和立体。这样一来，小 Z 就不是一位简单的"有声者"，而是拥有独特视角和个性魅力的声音艺术家。通过这种方式，小 Z 成功地从众多"有声者"中脱颖而出，建立了自己独特的品牌形象。

第 3 件事，争取更好的图书资源。在有声书领域，优质的图书资源是吸引听众的关键因素之一。小 Z 要想持续吸引和保持听众的关注，就需要不断争取更多高质量、受欢迎的图书的版权。因为优秀的图书自带流量。那怎么才能争取呢？**答案是：让自己变得足够好，践行"自管花开，蜂蝶自来"。**

05 最后的话

小 Z 的经历堪称转型、适应与成功的典范。尽管其中不乏运气成分，但当面对行业变革和个人发展的关键抉择时，他没有选择停滞不前，而是勇敢地拥抱变化，找到了一条适合自己的新道路。这不仅是小 Z 个人职业生涯的一次华丽转身，也为广大面临类似挑战的 i 人提供了指引。

当然，"有声者"需要一定的声音天赋，如果你觉得自己的声音有一定的特点，这或许也是你可以去尝试探索的一条副业之路。

2.4　创造价值＋传递价值案例：读书博主，一边学习一边挣钱

　　第三位榜样是读书博主小 H。2021 年，为了在家照顾孩子，小 H 一直在寻找合适的兼职机会。凭借一定的公众号运营经验，她在多个招聘平台上受到了不少公司的青睐，这些公司的负责人起初都希望她能够全职加入。然而，当他们了解到小 H 是一位一岁半孩子的母亲，无法投入全职工作时，他们的态度发生了转变。

　　特别是一位公司经理，他最初对小 H 表现出浓厚的兴趣，但在得知她的实际情况后，态度几乎来了个 180 度的大转变。这样的变化让小 H 感到震惊，甚至想：难道有了孩子的女性就在职场上失去价值了吗？命运的齿轮就在这一刻悄然转动。小 H 偶然在社交平台上看到的一位读书博主激发了她的灵感。她决定效仿后，便踏上了成为读书博主的道路。

　　截至我撰写这节内容时，小 H 在该社交平台的粉丝数已达到 7.3 万。她分享道："从 0 开始积累粉丝至 3000 人，我仅用了短短 21 天；而从首次获得稿费到如今每篇文章的合作费用达到 4 位数，这一过程我用了 3 年。"

　　其间，尽管她曾短暂回归职场，但随着副业月收入超过 5000 元时，她便果断选择了辞职，全身心投入读书博主的职业生涯中。自此

以后，她不仅实现了月收入过万的目标，更是在读书博主这条道路上稳步前行。

你可能想问，读书博主的模式要怎么理解呢？好，接下来，我们继续沿用 4 个维度的模型来进行拆解。

01　维度 1：需求

读书博主的工作连接着读者与出版社两端，因此，这份副业需要同时满足这两端的需求。

先看读者端需求。

以我为例，我非常享受在环境雅致的书店度过的时光，那些书店的布置令人赏心悦目，踏入其中便能获得良好的审美体验。小 H 的社交媒体笔记正是通过精美的视觉呈现，满足了对审美有一定要求的读者，尤其满足了女性读者对于想要欣赏一个美观的家庭阅读角落的需求。

当读者翻阅她的笔记时，清新雅致的桌布、温馨的小橘灯、精致美观的小装饰，每一处细节都吸引着读者的目光，让读者不愿移开视线。同时小 H 精心挑选的书籍自然而然地融入进来，借助美观的背景，增强了整体的审美体验，巧妙地引导读者将对环境的好感转移至她推荐的书籍上。这种现象在心理学上被称为"光环效应"，它描述的是一个人（或物品）的美好特质会影响人们对其他相关特质的评价。

那么，出版社端的需求又是怎样的呢？

出版社每年都有大量新书推向市场。因此，它们非常乐意将样书免费提供给像小 H 这样的博主。他们会通过专业视角和创意表达，拍摄并撰写具有吸引力的笔记。同时，这些博主会在笔记下方附上购买链接，方便感兴趣的读者直接下单购买。这种方式能有效提高书籍的曝光率，还可能直接促进销售转化。

02　维度 2：解决方案

对于读书博主小 H 来说，打造她的"笔记产品"就是她的解决方案。而打造的过程主要可以分为 3 个步骤。

第 1 步，用美观的布景吸引读者。

美观、有质感的布景是读书博主吸引读者的起点。例如，小 H 非常注重视觉效果，她会选择光线充足、背景简洁的空间，比如书房、阳台或书桌的一角，然后精心挑选清新雅致的桌布、温馨的灯光、精致美观的小装饰品，以及与书籍主题匹配的其他元素。通过这些细节，她营造出一个令人赏心悦目的阅读场景，让读者眼前一亮，从而点击进笔记，并产生情感共鸣，获得一种愉悦和放松的体验。

此外，保持色彩和谐统一，避免过于杂乱的颜色组合，也是她追求的一个重点。使用高质量的相机或手机，并调整好光线和角度，确保照片清晰、美观，这些都是她吸引读者的关键。

第 2 步，深入阅读书籍，提取亮点。

只有真正理解了一本书，才能更好地将其分享出去。作为读书博主，当你读懂了一本自己喜爱的书，再将其分享给粉丝时，他们是能够感受到你的真诚和深度的。**因为在阅读的过程中，你会**

发现书里的某些文字会触动你，而这些能触动你的点，往往也是能够打动别人的关键。

你可以边读边做笔记，记录下这些触动你的点，并写下自己的思考。总结书中的核心内容，提取最有价值的部分，再结合自己的经历和感悟，对书中的内容进行个性化的解读和扩展。这种深入的内容挖掘和个性化解读，既能增加笔记的价值，也能增强读者对你的信任感。

第 3 步，持续发布，静待"爆款"。

笔记要成为"爆款"，有时候确实需要一点运气。科学地说，这是一个概率问题。因此，不要因为某篇笔记没有成为"爆款"而焦虑。你只需要按照既定的发布计划，按部就班地进行更新，确保每周都有固定数量的笔记发布。每篇笔记都要仔细打磨，确保其内容质量和视觉效果都是你目前能呈现的最佳水平。这样坚持下去，总有一天，"爆款"会降临到你的头上。

而且，在这个过程中，通过输出倒逼输入，你会发现自己读的书更容易内化成自己的行动策略，你在内容创作上越来越得心应手，也会在个人成长方面取得显著进步。坚持下去，你将成为更好的自己。

是的，投资自己，是这个世界上最具复利效应的事情，没有"之一"。

03 维度 3：商业模式

读书博主的收入主要来自 3 个部分。

第一部分，严格来讲不能称为收入，是可以拥有很多纸质书。因为你通过笔记推广书籍，所以只要你坚持的时间足够长，出版社会非常乐意将它们的新书以及过去的"爆款"书提供给你，让你制作笔记进行推广。这样一来，你根本不需要花钱买书。

第二部分，书籍推广佣金。当你的笔记被其他用户浏览时，其中的部分用户会被你"种草"，进而选择通过你笔记下方的购买链接购买这本书。那么，卖一本书究竟能赚多少钱呢？

如果你是一个小博主，通常可以获得用户实际支付金额的10%。但如果你已经积累了丰富的经验，那么你可以获得高达20%的佣金。当你的笔记成为"爆款"后，随着流量的不断涌入，一条笔记就可能为你带来500到1000本书的销售。我曾经见过一位非常厉害的博主，她发了一条推广我的畅销书《不强势的勇气：如何控制你的控制欲》的笔记，这条笔记火爆了整整两周，最终成交了4000多单，每单她平均约赚6元。你算一算，这两周她赚了多少钱？她可能做梦都会笑醒，然后醒来后立刻打开手机，查看又多了多少订单。

第三部分，广告收入。由于你的笔记"颜值能打"，而且除了书，总会有书桌、书架等家具被拍摄进照片中。因此，一些家具厂商很可能会主动联系你，邀请你接广告。广告的价格通常与你的粉丝数挂钩。一般来说，价格是粉丝数的10%，也就是说，如果你有1万粉丝，那么一条广告的价格在1000元左右。

虽然在起步阶段你接到的广告可能不会太多，但随着你粉丝数的不断增长，每个月你可能接到2~3条广告，会获得一笔非常可观的收入。随着你的影响力和商业价值的不断提升，广告的数量会增加，质量也会相应提升。

04　维度4：增长

读书博主的增长路径非常清晰：通过持续发布高质量的笔记，便可以有效地实现涨粉目标。一旦出现"爆款"笔记，你的涨粉速度会显著加快。而且，作为一个不喜欢和人打交道的i人，你只需要专注于提升笔记的内容质量，就能很好地实现增长。

05　最后的话

成为读书博主，这对爱读书的i人来说是一个很理想的副业。它既能让你读书，又能让你学习，还能让你赚钱。在这个过程中，**只要你不忘初心，日拱一卒，可能有一天，你醒来后打开手机，就会发现你的笔记的点赞数、关注数、收藏数都是"99+"，除此之外，还有随粉丝数量激增而来的大量订单消息。这一切，都是你坚持与努力的最好证明。**

希望每位踏上这条道路的朋友都能保持热情，享受过程中的每一次成长，最终收获属于自己的成功与喜悦。

2.5　创造价值＋传递价值案例：成为作家，不断养"鹅"，坐收"金蛋"

第四位可能对你有一定借鉴意义的人，是我。

我的职业生涯并不算顺利，尤其在与人协作的过程中，我不够强势，所以在和其他部门吵架、争资源时总是吵不赢、争不到；我还不爱出席各类社交场合，觉得和人打交道特别消耗我的能量。还好，我养成了写作的习惯，每天早起后的写作过程既是我用输出倒逼输入的学习内化过程，也是我疗愈自己、沉淀自己，向内求的过程。

而且，随着一本本书的出版，它们就像一只只小鹅，每个月都在为我产"金蛋"。在我在青海大柴旦乘着酒红色小火车观赏翡翠湖的时候；在工作日的下午，我一边喝着无糖可乐，一边在铺满橙色梧桐树叶的上海衡山路散步的时候；在休息日，我和儿子在超市挑选火锅食材的时候，这些"小鹅"都在为我创造收入。

接下来，我也用维度框架来拆解我自己。

01　维度1：需求

亚马逊创始人杰夫·贝索斯曾经说："**最重要的事，是在变化中找到不变。**"在写作领域，寻找不变的需求尤为关键。或许有人会认为，市场热点是写作的焦点。然而，这些内容极易随时代变迁而过时。**实际上，有样东西数万年来几乎未变，那便是人类的心理。**因此，我选择专注于"心理科普"这一领域。我的目标是将复杂难懂的心理学理论以更加平易近人的语言呈现给读者，并将其转化为易于实践的步骤，帮助读者轻松地将知识转化为行动。我希望通过这种方式让更多的人受益，实现个人的成长与发展。例如，本书便是一个典型的实践案例。市面上关于副业的书籍层出不穷，但鲜有书籍能在介绍副业的同时，特设章节深入探讨行为心理学。鉴于我亲身经历了发展副业的艰辛，我深知，许多人之所以在副业之路上止步不前，**要么是认知不足，选错了路；要么是心力不足，坚持不了。**因此，我在本书的第四章中特别融入了行为心理学方面的策略，旨在帮助读者解决心力不足的问题，帮读者在副业之路上找到持续前进的动力，从而**实现每一天都有产出，每一天都有寸进。**

其中的核心在于**"把自己作为方法"**。这意味着，基于自身的需求，我对相关主题进行了深入探索，并通过不断地输入与实践，形成了一套既实用又有效的策略。这套策略不仅适用于我个人，也能为他人所用，成了许多人解决问题、实现目标的有效工具。

02　维度 2：解决方案

你现在正在阅读的，就是我为你准备的解决方案。你和我都是 i 人，我们都不希望在主业这一棵树上吊死，希望增强自我复杂性，甚至希望副业有一天能变成主业。那么，基于这一需求，根据你的现状来规划一条通往未来目标的路径，就是我为你准备的解决方案。这个解决方案就是本书的内容，它一共包含了3个方面。

第1个方面是"为什么"。我在第一章用了5个小节的篇幅和你讨论"为什么建议i人要做副业""为什么i人更适合闷声赚钱""为什么i人要选择'一份时间出售多次'的商业模式"等。这些问题你可能在翻开本书之前就有所耳闻，但当时的你或许只有一个模糊的概念，没有完全厘清思路。而在读完第一章之后，相信你已经获得了清晰的答案，不仅明确了"为什么要做副业"，还深刻理解了"为何要以特定的方式开展副业"。

第2个方面是"是什么"。第二章其实就是"是什么"的部分。我帮你将副业拆分成创造价值以及传递价值，再拆解不同的榜样，让你从需求、解决方案、商业模式和增长这4个维度非常直观地了解这些榜样。在阅读的过程中，你可以评判到底哪种类型可能更适合自己。

第3个方面是"怎么做"。很多人都说，一些书只提供令人振奋的道理却没有具体的实施方法，就像只给人鸡汤却不给人汤勺。这样的内容往往被称为"毒鸡汤"，因为它不仅不能解决实际问题，反而可能引发读者的焦虑。因此，作家需要非常清楚读者会面临哪些挑战和困惑。更重要的是，作家需要提供的不单单是理论上的指导，还有具有可操作性的具体步骤。

所以，如果你以后也想成为一名作家，可以基于"为什么"、"是什么"和"怎么做"这个结构进行深入的调研和实践，这样，你或许也可以写出一本不仅能带给读者启发，也能真正帮助读者的书。

03 维度 3: 商业模式

写书能否赚钱? 答案并不绝对。如果你的书未能成为畅销书, 那么你的收入可能仅限于几万元。然而, 一旦你创作出一本畅销书, 其带来的收入可能会高于你几年的工资总和。

通常, 一本销量超过 10 万册的书可以被称为畅销书。假设它的定价是 50 元, 版税率是 6%~10%, 作者可以获得的版税收入是 $10 \times 50 \times (6\%\text{~}10\%) = 30$ 万 ~50 万元。

而且, 只要这本书的销量超过 10 万册, 它后续就会产生 "长尾效应", 即这本书的累计销售额将随着时间慢慢增长, 为作者持续带来稳定的收入。这种长期的回报, 正是许多作者不懈追求的目标。

那么, 问题来了, 如何才能写出畅销书呢? 这里有 3 个关键点。

第 1 个关键点是运气。是的, 你没有看错, 第 1 个关键点是运气。但 "运气" 是我们通常的说法, 如果要换一个更科学的描述, 那就是 "概率"。当然, 概率的大小会随着作者写作水平的提升而发生变化。比如冯唐、余华、莫言老师的书, 几乎本本畅销。我的书目前可以达到畅销书级别的概率大约为 20%。

第 2 个关键点是选题。选题包含了两个要素, 一个是需求, 一个是供给。在图书市场中, 有些选题曾经很火, 这说明的确存在 "真需求", 但假如某类选题的书已经很多了, 这就形成了供给侧拥挤, 该类选题的书在短期内想要畅销就会很难。相反, 有些选题看似很小众, 但供给很少, 那么该类选题的书畅销的概率就会很大。

第 3 个关键点是内容。内容是口碑传播的基石。有些书，初上市时可能反响平平，但日后却能异军突起，这往往凭借的是优质的内容和读者的口口相传。例如，我写的一本书——《薛定谔的猫：一切都是思考层次的问题》，刚发行时几乎没有进行任何营销推广活动。然而，在发行约半年后，这本书却意外走红，尽管销量未达到 10 万册这一畅销书的标准，但它经常位列当当网 7 天总销量排行榜的前 100 名。要知道，这是全国所有图书的前 100 名，其含金量不言而喻。这一现象充分显示了优质内容与良好口碑对于书籍销量的巨大推动力。

04 维度 4：增长

作者的增长主要分为短期和长期两个部分。

第一，短期。短期的增长主要靠作者的资源、出版社的推广。我还只是一个不知名的作者的时候，没什么资源。当时，我一口气写了两本书，其中第一本《博弈心理学（全彩手绘图解版）》市场表现平平，而第二本《营销心理学：金牌营销一定要懂得的心理学秘密（全彩手绘图解版）》获得了还算不错的反响，这在很大程度上得益于出版社的推广，其使该书得以频繁出现在各类心理学书籍榜单上。然而，出版社每年出版的新书众多，不可能无限期地集中资源支持某一本书。这也解释了为什么出版社倾向于与自带流量的作者合作，如艺人或网络红人，因为他们自带的流量能够为书籍带来更多的曝光机会。

第二，长期。艺人或者网络红人毕竟不是专业作家，他们作品的销量能超过 10 万册的很少。所以要想长销，更关键的是书籍的内容以及作者是否能持续出版新书。比如我在初中时，读完挪威作家乔斯坦·贾德的《苏菲的世界》后深受启发，于是逢人便说这本书是我读过的最好的书，没有之一。我相信像我这么做的人不在少数。果然，我最近逛西西弗书店的时候，发现该书已经在全球范围内销售超过 4500 万册了。

那作者持续出版新书为什么也是长销的关键原因呢？答案是：因为你的新书的销售很可能会带动老书的销售。比如，我在推广我的《自律上瘾：用自律拿到结果的 28 个策略》的时候，就有多位读者向我表示，由于认同我，于是把我所有已出版的书全都买了回去，还拍照片发给我。试想，未来当我出版第 50 本书的时候，会有多少读者把我的全套书买回去。

05　维度 5：壁垒

除了之前讲过的 4 个维度，如果你未来也和我一样成了一名作家，持续写作，你还会面临第 5 个维度，那就是壁垒。什么是壁垒？壁垒是指你在特定领域中建立起来的一种难以被竞争对手轻易模仿和超越的优势。

为什么持续写作的作家会有壁垒呢？答案就在定义中，因为难以被模仿和超越。至少据我所知，能出版 50 本书以上的作家不到 50 人。所以，只要你做的是一件有积累的事情，是"一份时间可以出售多次"的事情，只要你坚持的时间足够长，你就能建立竞争对手无法轻易超越的优势。毕竟，**难走的路，从不拥挤**。

06 最后的话

将写作作为副业，并成为作家，这听起来遥不可及，但其实并不困难。我也是从一个每天只能写 72 个字的"小白"开始写作的。只要你心中有光，就能照亮前行的方向。而且在此过程中，你不仅可以用文字治愈自己，也能为他人带去光亮。

当然，无论你选择哪一种副业，我都祝愿你每一步都坚定有力，每一个明天都充满希望。

第三章

启动篇

3.1 从 0 到 1，启动副业的 4 个步骤

现在，你已经知道了 i 人为什么要发展副业，并且了解了 4 位 i 人榜样的故事。接下来，你就可以"启程"了。

启动副业如烹小鲜，顺序是关键。你只有掌握了节奏，才更可能得到你想要的结果。启动副业的 4 个步骤如下。

01　步骤 1：广泛调研，验证假设

有一句话说得好："**未曾观世界，何来世界观。**"你还应当广泛调研除了我为你列举的 4 类副业外，市场上还有哪些适合 i 人的副业。接着，你可以运用我在第二章中提供的 4 个分析维度——需求、解决方案、商业模式和增长——来仔细评估这些副业，**验证每个副业的基本假设是否成立。切勿等到已经投入了一定时间和资源后，才发现所选副业实际上满足的是一个不存在的需求。**前期充分准备和谨慎考量，能够大大降低试错成本，提高副业成功的概率。例如，我有一位比我年长约 5 岁的前辈，他曾认为自己发现了一个市场空白——许多职场人士在工作几年后会感到迷茫。于是，他设想开发一款应用程序，通过让工作了 10 年的人提供付费咨询服务，去帮助工作了 5 年的人；而工作了 5 年的人，

则又可以收费指导工作了3年的人，他自己则可以从中抽取平台服务费用。他认为这样的应用程序很可能会受到欢迎。因此，他在业余时间投入产品的研发中，历经一年多，这款应用程序终于上线了。然而，上线之日却成了它的失败之时。尽管他尽全力进行了营销推广，但这款应用程序几乎无人问津，更不用说付费使用了。经过3个月的努力尝试，他不得不放弃了这款耗费了大量心血的应用程序。

这位前辈的经历提醒我们，在启动任何副业项目之前，深入的市场调研和需求验证是必不可少的。要避免因为自己想当然的假设而忽视真实的市场需求，否则会导致不必要的损失。

02 步骤2：快速启动，获得反馈

你可能听说过互联网行业里非常火热的MVP（Minimum Viable Product，最小可行产品）。**这个概念的核心在于，以最快的速度和最低的成本开发出一个能够满足用户最基本需求的产品原型，然后立即将其投放到市场中，并收集用户反馈。** 这样做是为了尽早验证你的想法是否真的能满足市场需求，而不是在没有验证的情况下盲目投入大量的时间和资金去完善一个可能根本行不通的产品。

对于启动副业而言，这个概念同样至关重要。比如，我前面提到的那位前辈，如果他不是一开始就埋头研发应用程序，而是先询问处于不同工作阶段的职场人士是否面临职业发展的困惑，以及他们是否愿意为获得一位经验丰富的导师的指导而支付费用等方式验证自己的副业假设，更快地了解自己捕捉到的需求是否真实存在。确定捕捉到了真实需求后，还需思考目前设想的解决方案是否真的能够满足用户的需求，以及目前设计的商业模式是否具有可行性。

拥有了这些宝贵的反馈信息后，就可以开始对副业进行迭代优化了。这并不是一次性就能完成的任务，而是需要持续优化。在这个过程中，要随时准备好调整和改进。当然，**如果发现最初的假设并不成立，要勇于及时止损，重新找到一个能够持续为你带来正反馈的副业**。这种方法不仅能够帮助你在早期阶段节省资源，更能让你快速适应市场变化，提高成功的概率。

03　步骤 3：跟对老师，少走弯路

在做副业这条路上，找到一个合适的老师绝对是提升效率的关键。因此，你在积累了一些副业实践经验后，就可以考虑为自己找一位或多位老师了。但你可能会问，为什么不一开始就去找老师呢？**原因在于，如果你没有关于副业的实践经验，你对行业的理解和感受就会比较浅薄，也就很难辨别出哪个老师适合你**。在这种情况下，你很容易被一些表面光鲜的成功故事所吸引，进而选择并不适合自己的老师。

通过前两步的实际操作，你已经对自己的副业有了更深的认识，知道了自己在哪方面做得好，在哪些方面还需要加强。这个时候，你就更能明确地知道自己需要什么样的帮助，从而更容易找到能够真正帮助你的人。**选择老师时，可以关注他们在你所从**

事的副业领域的影响力、过往的成功案例、其教学方法是否符合你的学习习惯，以及你们之间的沟通是否顺畅。**此外，确保你们的价值观契合也非常重要，这有助于你们建立长期的合作关系。**

跟对老师的好处显而易见，他们能教你行业内的专业知识和技术，还能分享宝贵的经验，帮你避开那些常见的陷阱。不过，跟着老师学习时也别忘了保持独立思考，根据自己遇到的具体情况进行灵活调整，这样才能真正地将学到的知识转化为自己的能力，从而在发展副业的道路上加速成长。

04 步骤4：日拱一卒，每日寸进

副业的方向确定了，老师也找好了，那么接下来最重要的就是持之以恒地推进，正如古语所说："日拱一卒，每日寸进。"这意味着每天都要有进步，哪怕只是一点点。副业的成功往往不是一蹴而就的，而是通过长时间的积累和不懈的努力慢慢实现的。

在这个阶段，重要的是建立一套稳定的工作流程，确保每一天都能朝着目标迈进。你可以设定一些小目标，比如每天学习新的技能、撰写一篇文章、联系一位潜在客户或者优化你的产品。随着时间的推移，这些看似微小的进步将会累积成巨大的成就。

同时，保持积极的心态也非常关键。在发展副业的路上，难免会遇到挫折和困难，但只要你不放弃，坚持每天向前走一小步，总有一天会收获惊喜。当遇到挑战时，不妨回头看看自己已经走了多远，这会给你带来继续前行的动力。

另外，不要忘记定期回顾自己的进展，评估哪些方法有效，可以继续使用；哪些方法无效，需要摒弃；哪些是市面上被验证了的有效的方法，需要开始尝试。在这样不断回顾、不断改进的过程中，你更可能保持方向正确，同时能在实践中获得持续的成长。

总之，副业之路虽然充满挑战，但只要你愿意每天付出一点努力，坚持不懈，持续迭代，最终一定会收获颇丰。

05　最后的话

在你踏上副业之旅的过程中，每一步都至关重要。从广泛地调研、验证假设到快速启动、获得反馈，再到跟对老师、少走弯路，每一步都是为了最终能取得好结果。持之以恒地推进，日拱一卒，每一步都是在为实现最终目标铺路。

当然，以上内容也只是一个关于 4 步走的大框架。接下来，我会更详细地为你展开，帮助你在副业这条路上，走得更稳、更扎实。希望你在这段旅程中，不仅能实现收入的增加，更能找到自我价值和个人兴趣的最佳结合点。机会总是偏爱有准备的人的，祝你好运！

3.2　第1步，全面了解被 i 人验证过的副业，总有几款适合你

我身边有不少想做副业的 i 人，他们分为两种类型。

第 1 类是 D（Doing，干就完了）型人，他们往往看到某个方向与自己的想法相符，就会因为一时的热情开始埋头苦干。

第 2 类是 T（Thinking，思考，先求胜而后求战）型人，他们会先做加法，设法全面了解被 i 人验证过的副业，然后再做减法，通过一套方法论去进行筛选，然后迅速投入行动。

很显然，我推荐 T 型人的做法。可具体要怎么展开行动呢？一共分为两个步骤。

01　第一步：加法做足

怎么做加法呢？首先，你可以动手画一张"副业地图"。这就像一场探索之旅的开始，你可以利用搜索引擎作为你的指南针，把你能找到的所有副业种类都列出来。比如，宠物博主、电影剪辑师、读书博主、有声书演播者等。

绘制这个地图其实挺简单的，但别以为这一步完成就大功告成了。接下来才是重头戏：你需要深入挖掘，做一番详尽的研究。在这个过程中，你会逐渐建立起一个属于你的"副业选项池"。

那么具体该怎样操作呢？你有两种策略。

第一种策略是写调研报告，它能帮你初步了解该副业。

你可以先假设自己是一个专门拆解 i 人副业的专家，然后基于"需求、解决方案、商业模式、增长"这 4 个维度去写一篇文章，这篇文章你可以只写给自己看，也可以写完之后发表在社交平台上。

你可能会想："我哪有那个水平写这样的文章啊，要是能写得出来我就直接当作者了。"别这么快就否定自己！哪怕只是简单地列出一张表格，然后根据这 4 个维度把你从网上收集到的信息填进去也行。这样做不仅能帮你更好地理解这个副业，还能让你的知识水平得到显著提升。比如，很多社交平台上都有"10 分钟解读书"的文章写作形式，可以作为一种副业类目。你在调研后，就可以写这样一份极简的报告。

需求：满足用户节省时间、速读一本书的需求。

解决方案：自己先把一本书读完，然后写 2500 字左右的解读稿，并制作成视频。

商业模式：通过在视频下挂商品链接的方式来卖书，视频播放量高的时候，平台会给予一定费用。

增长：用户看完视频后，觉得有收获会关注你的账号，优质内容更容易被平台推荐，从而获得流量。

第二种策略是访谈，它能帮助你了解更真实的情况。

访谈确实能让人获取高质量的信息，但它的难度也不低，尤其是对于作为 i 人的你来说，主动和陌生人打交道可能会让你感到有些压力。你可能会想："人家为啥要理睬我这个'小透明'

呢？"别担心，我有一个简单又高效的方法，它可以帮助你轻松进行调研。

你可以准备一段精心撰写的文案，然后通过社交平台，一个接一个地私聊你想要联系的调研对象。这里的关键是，你的文案既要简明扼要，又要足够吸引人，让人愿意回应你。这样，你只需要复制粘贴这段文案，就能方便快捷地接触到很多人。

以调研"10分钟解读书"的博主为例，你可以这么说："老师，您好！我是您的忠实粉丝，已经连续看了您对好多书的精彩解读了，真的受益匪浅。您对书籍的见解和总结让我大开眼界。不知道我是否可以付费成为您的学生？我有几个关于解读书籍的小问题想向您请教，希望能得到您的指导。非常期待您的回复，感谢您抽出宝贵时间！"

在这段话里，你不仅表达了对博主工作的欣赏，还提出了一个实际的合作可能性——付费学习。这不仅给了对方情绪上的满足感（大多数人都喜欢被认可），也为对方提供了一个潜在的获得收入的机会，因此对方更有可能会认真考虑你的请求。如果你连续将类似的文案发给20位类似的博主，通常会有3~5人回复你，并且愿意接受你的调研或与你交流。即使不是所有人都能回复你，但只要有一部分人愿意接受你的调研或与你交流，你就能够获得宝贵的见解和信息。

在具体的调研过程中，你得重点关注一些非常现实的问题，比如这个副业的投入产出比到底如何、难度主要体现在哪里，以及竞争是不是特别激烈。这些问题能帮你更清楚地了解每个副业的真实情况。

当你深入调研了至少 10 个不同的副业后，再去做筛选和排除，你的决策依据会更加充分和具体。这样一来，你选中的副业的成功率就会大大提升！

02 第二步：减法做细

诺贝尔经济学奖得主丹尼尔·卡尼曼曾经极力推荐过一种叫作"事前验尸"的法则。这个法则是说，**想象一个项目已经失败，然后反推该项目失败的可能的原因。**

一个副业失败，无外乎是因为存在以下 3 类典型问题，如果我们能在开始做副业之前就通过筛选把存在这些问题的副业剔除，那么副业能取得好结果的概率就会大大提高。

问题 1：需求刚性不够。

什么是需求刚性？它是指在商品供求关系中受价格影响比较小的需求。比如，我们吃的大米，当它每斤 1 元的时候，我们得买；等它涨到 2 元一斤，虽然价格翻了一倍，但我们仍然要买。这就是所谓的"刚性需求"——无论价格怎么变，人们都必须购买。

所以，在考虑开展一个副业时，千万别只因为自己有什么产品或擅长提供什么服务就贸然行动。在开始之前，最重要的是确认用户对这项产品或服务的需求是否真的具有刚性。比如，如果你发起一个书友共读会，定个较低的价格，如 9.9 元，或者通过你的专属链接购买书籍就能免费加入，吸引来的参与者的数量会相当可观；而当你把价格设在 50 元时，参与者一下子就会少很多。这其实就反映出，对于书友共读会，人们的需求并不是那么强烈。

问题 2：差异化不够。

副业也是一种商业，商业的本质是供给双方的交易。 如果你提供的产品或服务是一个标准品，那么别人为什么要从你这里购买呢？所以，在判断一个副业是否值得做的时候，你需要去评价它的差异化程度。这里包含了 3 种"差"。

第 1 种是信息差。 别人不知道某个机会，你知道，你就可以利用这个机会去做副业。例如，在跨境电商的世界里，你可以利用国内成熟且高效的供应链，把那些质量又好又便宜的商品通过国外的平台卖给国外消费者。像话筒、吸尘器这样的商品，很多都是因为这个渠道而在国外社交媒体平台上火起来的。而把这些商品推向世界的人，往往是我国的"出海"博主们。他们不仅了解国内市场，还清楚国外消费者的喜好，从而成功地让这些商品在国外走红。

第 2 种是认知差。 虽然大家都知道某个领域，但可能大多数人并不看好它，而你通过深入调研后觉得它有潜力，那这就是一个机会。比如，很多人担心 AI 会替代有声书主播，因此对进入这个领域感到犹豫不决。然而，如果你仔细研究一番，就会发现有声书的魅力其实并不在于文字本身，而在于主播通过声音传递出的情感，以及他们在讲述过程中注入的个人理解。这样一来，每一本有声书就不再只是简单的文字集合，而是充满了人性的温暖和独特性的作品，从而变得更加吸引人。

这样的洞察可以帮助你在某一领域找到自己的立足之地，甚至做得比别人更加出色。毕竟，不是每个人都能看到这些深层次的价值。所以，当你发现了这一点，并能充分利用它时，你就有可能在这个领域崭露头角。

第 3 种是资源差。资源差是指别人没有某些资源，但是你有。不过，资源差只有在存在刚性需求的情况下才是加分项；如果需求不是刚性的，你手握再多资源也无济于事。比如，我已经出版了 12 本书，其中有几本还成了畅销书，所以如果你梦想成为一名作家，并且愿意跟我学习写作，我会把积累的经验和资源分享给你，帮助你少走弯路。有了这些经验和资源的支持，你就可以专注于提升自己的写作能力，不必因为其他琐事而分心。这样一来，你的创作之路会更加顺利，你更有机会让你的作品闪耀出独特的光芒。

问题 3：匹配度不够。

什么是匹配度？就是你的动机和能力是否与副业的方向匹配。

动机是你开展副业的最根本驱动力。对我来说，动机就是希望能在这个世界上留下一点点足迹。正因为有这样的动机，即使一开始赚不到多少钱，或者没有得到太多的正面反馈，我也愿意坚持写作。

更何况，我很早就想明白了写作出书的商业模式和增长路径。对于我来说，赚钱，甚至赚大钱，都只是时间问题。这种清晰的认知让我更加坚定，即便初期回报不多，我也能保持动力，持续前进。毕竟，当你的目标足够明确，并且相信自己走在正确的道路上时，外在的暂时的困难就不那么重要了。

能力是你在开展一个副业时所需要的技能。你不用太担心能力不足，因为如果你愿意投入时间与精力去进行刻意练习，那么在理论上，你可以掌握这个世界上 95% 的能力。

03 最后的话

千万不要用战术上的勤奋去掩盖战略上的懒惰。

如果你能做足加法，做细减法，全面了解被 i 人验证过的副业，又能做到科学有效地筛选，那么你花费的时间，绝不会白费。你会发现，你未来要走的副业之路，虽然不一定是一帆风顺的康庄大道，但比起不做"加、减法"的人的副业之路来说，已经可以称得上是一条坦途了。

3.3 第2步，先做起来，有反馈的地方才有定位

很多人在做副业的时候都会纠结定位的问题。觉得"定位是定江山"是非常关键的一步。是的，对于一个 IP 来说，的确如此。但做副业和做 IP 完全是两个不同的概念。做副业，你得先做起来，因为有反馈的地方才有定位。这和创业投资公司（简称"创投公司"）进行风险投资是一个逻辑。

01　创投公司如何做风险投资

假设你是一家创投公司的投资总监，手握 1 亿元，并面对着100 家初创公司。那么，你会怎么决定主要投资哪家公司呢？你会如何确定一家公司是具有高潜力的公司呢？

实际上，专业的创投公司不会一开始就只投资某一家公司。相反，它们会采用一种分阶段、分散风险的投资策略。具体来说，专业创投公司的投资总监可能会这样操作。

首先，将 1 亿元分成 5 份，每份 2000 万元。把第一份 2000 万元平均分配给这 100 家公司，也就是每家公司先获得 20 万元。这个阶段主要是广泛撒网，目的是初步了解哪些公司具有发展潜力。

根据二八法则，大约只有 20% 的公司，即 20 家公司，能够在

这个阶段中存活下来并显示出一定的增长迹象。这时,投资总监会拿出第二份2000万元,这次是给每家公司投入100万元,进一步支持这些显示出潜力的公司。

接着,二八法则再次奏效,原本的20家公司中,可能只剩下4家表现出色。这时候,第三份2000万元会集中投入这4家公司,每家公司获得500万元的支持,以更快地成长和扩张。

最终,在这4家公司中,通常会有1~2家脱颖而出。这时,投资总监会毫不犹豫地将剩余的4000万元全部投入这些脱颖而出的公司,因为它们最有可能为创投公司带来数十倍甚至上百倍的回报。

这样的投资策略不仅有助于分散早期风险,还能确保最有潜力的公司得到足够的资源和支持,从而最大化投资回报。

说到这里,你可能会想:"创投公司的投资策略跟我做副业有什么关系呢?"

其实,你自己就是一位"投资总监"——只不过你投资的不是1亿元,而是你工作之余最宝贵的资源:时间。没错,你的时间就是你投给不同副业的"货币"。怎么分配你的时间,决定了哪些副业能获得成长的机会,哪些副业可能因为缺乏投入而停滞不前。

02 外部反馈和内部反馈

但个人做副业和创投公司也有一个不同点,那就是个人不能只看外部反馈。

所谓外部反馈，主要涉及收入、流量、点赞数等直观指标。这些指标确实重要，因为它们能直接反映市场对你的副业的认可度和需求程度。就像创投公司会根据公司的财务表现和用户增长来评估其投资价值一样，外部反馈可以告诉你哪些副业在市场上有潜力，值得进一步投入。

然而，仅仅依赖外部反馈可能会让你忽略一些重要的因素。比如，我刚开始写作的时候，收入微乎其微，几乎可以忽略不计。很多人在这个阶段可能就会选择放弃，认为这条路走不通。但我相信自己的判断，明白获得回报需要一定的时间。这种滞后效应在很多领域都很常见——真正的成果和回报往往不会立刻出现，而是需要你保持耐心和持续努力。所以，当你在追求某个目标时，不要仅仅因为短期内看不到显著的外部反馈就轻易放弃。有时候，成功只是会迟一些到来，而不是不会来临。**保持信心，继续前进，给自己的努力一点时间。**

和外部反馈等客观事实相比，内部反馈更加个人化和主观化，但它在副业这件事情上比外部反馈更关键。内部反馈包括你对副业的热情、学习和成长轨迹，以及你在过程中获得的满足感和成就感。虽然你做副业的目的之一是赚钱，但如果你用一种拧巴的方式去赚钱，最后你不仅赚不到钱，还会让自己心力交瘁。

举个例子，你知道直播多频道网络（MCN）是怎么选直播主播的吗？有 5 个维度，它们分别是：知识能力、结构化能力、学习能力、是否能滔滔不绝地与人沟通、能否坚持直播。在这 5 个维度中，一个直播主播至少在 4 个维度上达标才有更大的概率被"孵化"出来。那 i 人怎么可能滔滔不绝地与人沟通？这也是大多数 i 人不适合做直播主播的根本原因。

所以，如果你在第一步"做足加法"和"做细减法"，对各个副业进行初步筛选时，采取的是一种非常理性的思考方式，那么到了第二步，在有反馈的地方找定位则更像一个依靠感性与直觉的过程。这一步是为了帮你找到从中长期来看能让你赚钱，但在短期内能让你感觉"不厌其烦"的副业。

请记住"不厌其烦"这 4 个字，这是你在副业之路上长期取得好结果的核心。

03　让你不厌其烦的地方，就是你的天分所在

为什么"不厌其烦"这件事情那么重要？因为只有"不厌其烦"，你才愿意在短期内"不计成本"地投入时间；你才能在一个更长的时间周期里，打造出比身边人长得多的长板；你才会发现你身边基本上没几个人可以被称为"竞争者"。

以我认识的一位"有声者"为例，一开始他也关注过不少适合个人发展的副业。例如，他曾经考虑过舞蹈、编程、摄影等方面的各种副业。但最终他发现，只有在面对播音设备时，他才能真正做到"不厌其烦"。即使面对无数次的试音和被拒绝，哪怕初期几乎没有回报，他还是乐此不疲。

这对你来说也是一样的。你只有先做起来，把初步筛选后的那些副业一个个去尝试一遍。就像投资总监分散投资一样，你要一轮轮地投入你的时间和精力，去体验不同的副业。只有这样，你才能找到真正适合自己的定位，发现那件让你"不厌其烦"的事

情，并把它变成你的独特优势。

04　最后的话

在筛选中坚持，在坚持中找到天分。

在你探索副业的过程中，你既需要理性的商业思考，也需要感性的主观感受。通过像**创投公司的投资总监一样层层筛选**，通过感受内部反馈，找到让你"不厌其烦"的地方。这就是你的定位。接着，通过多年的持续投入，形成你独特的竞争力。

3.4 第3步，跟对老师，少走3年弯路

启动副业的第 3 步是跟对老师。

01 你为什么要跟对老师

一个好的老师通常能提供 3 类宝贵的资源，帮你至少节省 3 年的摸索时间。

第 1 种资源：认知资源。

由于老师在你选择的副业赛道深耕多年，因此他必然积累了丰富的经验与深刻的见解。他能以自己的经验，告诉你哪些地方看起来美好，实则有"坑"；哪些地方是真正的机会，一定要把握住。比如，我遇到过一些有声演播领域的创作者，他们长时间辛勤地更新自己的有声账号，终于有一天，他们的专辑火了。可是，好景不长，没几天他们的专辑就被平台通知下架了，原因是这些专辑存在版权问题。如果当时有一位经验丰富的老师指导他们，这种情况完全可以避免。

试想一下，倘若在他们刚开始录制的时候，就有一位老师在了解了他们的情况后，指导他们选择没有版权隐患的公版书籍来录制，或者干脆找一些有版权的内容的角色配音让他们参与。那他

们几个月甚至一年多的心血就不会白费。所以，一位有经验的老师不仅能帮助初学者降低风险，还能确保他的起步更加稳健，让他少走弯路。

所以，跟从一位行业内的老师，就像给自己配备了一位导航员，他能帮你避开潜在的陷阱，还能指引你走向更广阔的天地。特别是在像有声演播这样规则相对复杂的领域，正确的指导可以让你少走很多弯路，更快地实现自己的目标。

第 2 种资源：社会关系资源。

一位有影响力的老师在行业内往往会拥有广泛的社会资源。如果你表现优异，通过老师的引荐，你不仅能更快地融入行业圈子，还可能结识潜在的合作伙伴和找到新的机会。比如，我作为一名已经出版了 12 本书的作者，经常会收到出版社编辑老师的约稿邀请。但我毕竟不是超人，不可能每年写十几本书。而我的一些学生，他们的文字功底已经相当不错，只是缺乏资源，编辑老师不认识他们。在这种情况下，我只需顺水推舟，把他们引荐给合适的编辑老师。这样一来，这些学生就有机会提交他们的新书大纲和样章。如果顺利通过初审，他们的写书方案就能进入出版社的选题会，进而有可能获得出版签约邀请。

这种引荐不仅仅是简单的介绍，它为学生们打开了一扇通往更大舞台的门。**通过这样的机会，他们可以展示自己的才华，还能建立起宝贵的行业联系，为未来的副业发展铺平道路。所以，找到一位愿意提携后进、拥有丰富社会资源的老师，真的可以让你省去很多不必要的摸索时间，让你直接踏上取得结果的快车道。**

第 3 种资源：心力资源。

心力资源听起来可能有些抽象，但它确实是决定一个人能否在副业道路上持续前行的关键动能。虽然开展副业不像创业那样充满风险，但你难免会遇到挫折，自我怀疑。这时候，有经验的老师便能在精神上给予你支持，鼓励你在"黑洞期"坚持下去，帮助你保持积极的心态和持久的动力。比如，很多读书博主刚开始在新媒体平台上更新作品时都满怀热情、意气风发。然而，随着时间的推移，如果数据表现持续不佳，他们就很容易失去最初的那份动力。这时，如果老师在学习社群里定期组织讨论，分享其他学员的成功案例，尤其是那些与他们水平相近的人取得的好成绩，就能极大地增强他们的自我效能感。这种正向激励既能让他们重新找回更新作品的动力，还能让他们明白，想要取得结果，往往需要时间和耐心。只要在对的方向上"日拱一卒，每日寸进"，总有一天会迎来转机。

所以，**在副业之路上，找到一位不仅能提供专业指导，还能在精神上给予支持的老师，真的非常关键。**这样的老师就像黑暗中的灯塔，能指引你在迷茫中持续前行。

02 如何找到对的老师

你有两种方式来找到对的老师。

第一种方式是寻找免费的老师。

最好的免费的老师，其实是那些比你早入行几年的同行。他们比你多几年经验，意味着他们已经踩过你未来可能会遇到的

"坑"，并积累了在行业内立足必须知道的常识。千万不要小看这些常识，有时候一个简单的窍门就能让你少走弯路。比如，在录制有声书时，你可能会有难听的口水声。此时，一个可靠的前辈可能会告诉你一个小妙招：在录制音频前吃几片苹果，这个问题就会大大减少。这种看似简单的小技巧，能大大提升你的工作效率和质量。

那么，如何与这些前辈建立联系呢？我来给你介绍3种十分实用的方法。

方法1：参加线下沙龙。这是一个面对面交流的好机会，你可以直接与行业内的前辈互动，提出问题并获得即时反馈。这种面对面的交流能让对方更深刻地记住你。沙龙结束后，你还可以趁机添加对方的微信，以便于你们的后续交流。你可以关注相关网站或者公众号的活动信息，选择与你从事的副业相关的沙龙，提前准备好你想问的问题或分享的内容，确保每次交流都有实质性的收获。

方法2：参加线上分享。参加线上分享是另一种与前辈建立联系的好方法。线上分享的讲师通常希望通过课程引流，因此主办方常常会在课件末尾附上讲师的联系方式。这样一来，你就可以很方便地与讲师建立联系。

在参加线上分享时，记得多和讲师互动，积极提问并参与讨论。这样你就能给讲师留下好印象，讲师也会更容易记住你。未来当你私下请教问题时，讲师也更乐意为你提供解答。

方法3：私信留言。如果你实在找不到你的目标前辈，不妨去那些有几千到几万粉丝的社交媒体账号下留言互动。拥有几千到几万粉丝的前辈通常已经在行业内有一定影响力，但他们又不像超级"大V"那样难以接近。在他们的社交媒体账号（如微博账号、微信公众号、抖音账号等）下留言或评论，你通常也能加上他们的微信，和他们建立联系。

第二种方式是寻找付费的老师。

商业的本质是交换，有资源、有实力的老师如果没有自己的诉求，往往不太愿意成为你免费的老师。但如果你愿意付费成为他的学生，向他学习，那也是一条十分便捷的路径。

但在挑选老师时，你需要注意两件事。

第一，这位老师是否在所教领域取得过丰硕成果。

很多所谓的"老师"常被诟病，因为他们从未在所教领域取得过真正的成绩，反而把教别人、收学费当作他们的主要甚至唯一成果。如果你跟着这样的老师学习，很可能会成为他们收割的"韭菜"。他们往往无法为你提供宝贵的认知资源和社会资源。

因此，在选择老师时，首先要看这位老师是否真的在所教领域有所建树。一位有实力的老师，不仅应该拥有丰富的实践经验，还应当能够展示出他在所教领域的具体成就。比如，写作老师是否出版过多本畅销书？读书博主老师是否是知名读书博主？有声主播老师是否有脍炙人口的代表作？只有当老师在所教领域取得了实实在在的成绩，他们才能真正指导你少走弯路，你才能避免成为下一茬被割的"韭菜"。

简而言之，向真正取得过结果的人学艺，是你挑选付费老师的关键。

第二，你是否认同这位老师的价值观。

价值观是你是否愿意长期追随一位老师的另一个核心要素。因为有些老师价值观不正确，比如希望"短平快"地取得结果，那么你就要小心。因为太短期、太容易的事情是没有门槛的，没有门槛的事情天然容易陷入恶性竞争。

所以，你只有跟随一位践行长期主义，笃行"小草不争高，争的是生生不息；流水不争先，争的是滔滔不绝"的老师，你才能长期有耐心，日拱一卒地苦练基本功，从而一砖块一砖块地垒砌自己的副业地基。

03　最后的话

在启动副业的过程中，选择正确的老师是至关重要的一步。一位合适的老师能为你提供认知资源、社会资源和心力资源，助你节省宝贵的时间，避免走弯路。通过老师的经验和人际关系，你可以获得宝贵的行业见解，规避潜在风险，并在遇到挫折时得到精神上的支持与鼓励。寻找对的老师可以通过免费或付费两种方式实现，但无论选择哪种方式，都应确保老师在所教领域取得过实际成果，并且其价值观与你契合，这样你才能真正从中受益，稳步前行。

祝你早日找到自己的良师！

3.5 第4步，日拱一卒，苦练基本功

当你确定了自己要从事的副业，当你坚定地选择跟随某位老师，接下来就要开始日拱一卒，每日寸进了。但具体要怎么做呢？答案是：你需要"苦练基本功"。

01 苦练基本功

有一句话曾经让我醍醐灌顶，这句话叫作：**普通人都在找捷径，高手都在苦练基本功。**

到底有没有捷径？有！

这里的"捷径"其实是依赖信息差。 在过去信息不太畅通的时代，靠某个独特的小技巧可能真的能占到便宜。但到了移动互联网成熟、人工智能已经开始崭露头角的今天，只要你在一个副业领域稍微深入一点，就会发现那些所谓的信息差很快就被填平了。

现在这个时代，信息传播得很快，如果你在某个副业赛道上没有把基本功练扎实，那么你很难找到合作机会，更别提在这个副业上取得好成绩了。是的，在这个信息几乎透明的时代，想要通过捷径获得成功越来越难，打牢基础才是"王道"。

以我最熟悉的写作副业为例，成熟作者和新手作者最大的区别

在哪里？

初看上去，你可能会觉得成熟作者的文章能直击人心，而新手作者的文章像在"自娱自乐"。**但这只是最表面的感受。如果要更深层次地去进行拆解，你就需要知道，究竟是哪些基本功让成熟作者把内容写进了读者的心里。**

第 1 个基本功是"对象感"。

所谓对象感，就是在写作时心里要有一个明确的对话对象。比如，我在写这段内容的时候，就想象你是一个渴望了解如何做好副业或者怎样提升写作技能的 i 人。我就好像看到你坐在我对面，我们正在进行一场一对一的对话。

由于我们的知识结构不同，我在说到某个比较专业的词的时候，我想象中的你可能会蹙眉，露出疑惑的表情。于是我就需要设法用尽可能直白和简单的语言来向你描述，到底什么是"对象感"。**你在写作时有这种对象感，读者就不会觉得面对的是冰冷的文字，而是仿佛有人在和他们亲切交谈，从而避免了疏离感或者让人昏昏欲睡的情况。**

第 2 个基本功是"结构化"。

结构化，简单来说，就是把我们一点点积累起来的知识整理得井井有条、层次分明。**通过结构化，我们可以把知识编织成一个有纲有目的网络，让每一个知识点都在它该在的位置，让人一目了然。**比如我在讲"基本功"这部分内容时，就涉及对象感、结构化和重点突出。然后我针对每一个基本功都会进行解释和展开，从而条理分明地让你理解如何通过修炼基本功来提升你的写作水平。如果我没有做好结构化，作为读者的你可能会觉得内容杂乱无章，阅读时感到吃力，甚至不清楚重点是什么。

第 3 个基本功是"重点突出"。

首先，把你写的重点内容用黑粗体标注出来，让读者一目了然，知道这里是你想要表述的重点。

其次，你的重点文字内容最好能让读者大脑中有画面，比如我前面在写"由于我们的知识结构不同，我在说到某个比较专业的词的时候，我想象中的你可能会蹙眉，露出疑惑的表情。"你的脑海里可能就会出现有关蹙眉、疑惑表情的画面。

当然，有关写作的基本功还有很多，包括：选题、表达、故事性、用词、金句、标题等，每一项都需要去进行有针对性的练习，这里鉴于篇幅限制，我就不展开了。

事实上，不管你想深耕哪条副业赛道，每条赛道都有其独特的基本功需要你去修炼。只有通过日积月累、一点一滴地把这些基本功练扎实了，你才能在副业赛道上不断提升自己的水平，并且这些进步会实实在在地反映在你提供的产品或服务上。

02　修炼的阶段

苦练基本功，说起来容易，但真正坚持下去却需要实实在在的行动。要把这种修炼融入你每一周、每一天的具体生活中，这才是最大的挑战。因此，定义适合自己的修炼阶段，为每个阶段设定目标，非常重要。那怎么定义这些阶段，如何设定目标呢？让我分享一下我的经验。从最开始到现在，我在写作上的修炼过程可以分为好几个阶段，但我特别想和你聊聊最初最关键的 3 个阶段，这也许能给你一些启发。

第一阶段：每周写 500 字，完成一篇短文章。

我是从 2016 年初开始涉足公众号写作的。刚开始的时候，我的写作能力只能支撑我每周写 500 字左右的一篇短文章。在这个阶段，能把一篇短文章从无到有地写出来，对我来说就已经是一项不小的成就了。所以，我在**这段时间的阶段性目标是每周坚持撰写一篇 500 字的短文章**。

在该阶段，重点不在于文章写得多好或多长，而在于培养写作习惯和建立自信。每一篇文章的产出都是一个小胜利，它们逐渐积累，为未来更复杂的写作打下坚实基础。通过坚持每周输出 500 字，我学会了如何整理思路、构建段落，并且克服了面对空白页面时的恐惧。

在这个阶段，我就像学习走路的孩子，迈出的每一步虽然小，但都至关重要。随着这些基础的不断巩固，我慢慢积累了信心和技巧，为接下来应对更高阶的写作挑战做好准备。

第二阶段：每周写 1300 字，刻意练习"选题"。

在刻意练习了大约 3 个月后，我的写作能力提升到每周能写 1300 字左右。但这时，我遇到了一个新挑战——选题。我不知道写什么内容才能真正吸引读者的注意力。于是，我决定利用每天上下班的通勤时间来解决这个问题。

这段通勤时间成了我不断吸收新知识的黄金时段。我会通过喜马拉雅 App 听各种有声内容，也会阅读电子书，把那些对我有启发的内容记录下来。这些内容拓宽了我的视野，也为我的选题提供了丰富的灵感来源。

有了这些输入，我就更有方向了。针对确定的选题，我每天都会写下一些想法和草稿，每个周末则用来完稿、修改并发布文章。这个过程让我逐渐找到了自己的方向，也帮助我更好地理解读者的兴趣。慢慢地，我开始知道什么样的内容更能引起读者的共鸣，写作也变得更加得心应手了。

与此同时，上下班的通勤时间不再只是单调的等待过程，而是变成了我创作过程中不可或缺的一部分。每次坐在地铁上，我都在为下一篇文章积累灵感，让每一次写作都更加有的放矢。

第三阶段：投稿被拒，刻意练习"结构化"。

在我一次次发布自己的公众号推文时，一位热心的写友帮我牵线搭桥，推荐我给领英投稿。他告诉我，如果文章被采用，每篇可以赚到 800 元的稿酬。那时候，800 元对我来说可是一笔相当不错的副业收入。

我满怀期待地把精心准备的文章发了过去，但之后却石沉大海，对方没有任何回应。后来我看到了写友和编辑的聊天记录。编辑直接指出，我的文章缺乏结构，读起来让人摸不着头脑，因此决定不予采用。

这是我第一次听到"文章要有结构"这个说法。这次投稿被拒的经历虽然有些打击人，但也成了我写作路上的一个转折点。从那时起，我开始刻意练习如何让文章更有条理、更有结构。

我意识到，光有好的内容还不够，没有清晰的结构，读者很容易迷失在文字中。于是，我开始研究如何构建一个吸引人的开头、连贯的主体和令人印象深刻的结尾。我还学习了如何使用黄金圈思维（Why—What—How，即为什么—是什么—怎么做）、小标题、段落划分和逻辑连接词来增强文章的结构性。

这段经历教会了我一个宝贵的道理：结构化的写作不仅能让文章更易读，更是确保信息有效传达的关键。从那以后，我每次写作都会特别留意文章的整体结构，确保每个部分都紧密相连，为读者提供顺畅的阅读体验。以上这些，都为我的副业发展奠定了坚实的基础。

03　最后的话

你看，这就是"日拱一卒，每日寸进"的真实写照。前途是光明的，但道路确实是曲折的。**每次碰壁都会带来新的挑战，但每一个挑战也像一张新的升级"打怪"地图，引导你去刻意练习新的基本功。**

其实，不只写作如此，任何副业都是这样。无论遇到什么困难，只要你逢山开路、遇水搭桥，一步一个脚印地前进，苦练基本功，你就能不断地收获阶段性的成果。

第四章

动力篇

4.1　i人经营副业的 5 个阶段

巴菲特的灵魂伙伴查理·芒格曾说："**如果我知道会死在哪里，我就永远不去那个地方。**"我猜你选择读本书，一定不希望自己在副业这条道上"中道崩殂"。所以我们先来看看 i 人经营副业最典型的"死法"是什么。

01　i人经营副业的 5 个阶段

第 1 阶段：受到刺激，热情开干。很多小伙伴在听了某场鼓舞人心的演讲、读了一篇让人热血沸腾的文章或看到身边朋友收获副业的果实后，会想："这事儿我也行啊！"于是，他们立刻就兴奋地开始经营副业。这种最初的冲动和热情确实是启动新项目的动力源泉。

第 2 阶段：脉冲式勤奋。由于憋着一股子劲儿，这些人会进入一个"脉冲式勤奋"的模式——有时非常努力，比如下班回家后，一连几天都熬夜投入与副业相关的工作，直到凌晨才休息；有时又完全懈怠，感觉自己提不起兴致，以至于三天打鱼两天晒网。

第 3 阶段：缺少反馈，怀疑选择。如果迟迟没有看到正面的反馈，他们的热情就会渐渐冷却。这时，很多人开始怀疑自己是不是选错了路。

第 4 阶段：心力不足，无法坚持。当最初的激情逐渐褪去，面对接踵而来的挑战时，不少人发现自己越来越难以维持原来的努力水平。这个时候，坚持不懈变得异常艰难，但这恰恰是决定副业能否真正起步的关键时期。90% 的人都是"死"在这里的。

第 5 阶段：遗憾放弃，饮恨离场。最终，如果没有找到有效的解决方法来克服这些障碍，大多数人会选择放弃他们的副业梦想。这并不是因为他们不够聪明或不够努力，而是因为在关键时刻，他们缺少心力。

是的，保持心力，才是做好副业的关键。所以，你需要用行为设计心理学来设计自己。具体如何设计呢？接下来，我来向你分享"一个观点"和"两个心法"。

02 一个观点、两个心法助你提升心力

先说"一个观点"，这个观点叫作：**凡夫畏果，菩萨畏因。**

这句话的意思是，普通人只想着改变结果，优秀的人则想着如何改变原因。所以，如果你想达成某个特定的"结果"，你就得审视促成这个结果的"过程"，从中寻找改进的方法。而如果你希望优化某个"过程"，那你需要更进一步，考虑是什么样的"身份"或信念在支撑和影响着这个过程。换言之，**你得先弄清楚自己是谁，想要成为什么样的人，因为你的"身份认同"会直接影响你的行为方式和做事的过程，进而决定你能取得什么样的结果。**

理解了这一点，"第 1 个心法"就可以登场了。

第 1 个心法：别向目标要结果，要从身份找信念。

你可能常常听到大家强调"目标导向"的重要性，目标导向在职场里确实效果显著。毕竟，公司付给你薪水，就是希望你能为公司取得结果出一份力。要是你没能按时完成任务，轻则影响年终的绩效评分，重则被裁员优化。为了不让这些糟糕的事情发生在自己身上，你只能更卖力地工作。

但是，副业的情况就完全不一样了。副业是让你在主业之外做额外拓展的机会，做副业时没有上司催着你做事，也没有严格的截止日期。在这种相对宽松、没有外部压力的情况下，你很容易拖延。而且，刚开始做副业时，你往往不会立刻看到回报或有成就感。所以，如果只是设定目标，并不足以让你真正行动起来，你需要找到一个更能激励自己的动力源。

那这个更能激励自己的动力源到底是什么呢？**是你对自己的身份认同。**比如，前文提到的小 Q 的身份认同就是"我是一名知识星球球主"，在她还有全职工作的时候，她的第二身份是知识星球球主。这个身份会驱使小 Q 每天在通勤的路上更新她的星球内容。是的，**这种身份认同才是真正的行为改变的关键。它背后是一整套信念体系，可以支撑你做到别人难以坚持的事情。一旦你认同了某个身份，它就会成为你行动的内在驱动力，帮助你克服惰性，持续前进。**

所以，如果你希望每天都有心力录制有声作品，你得告诉自己，你是一个"有声者"；如果你希望每周都能更新几期读书类短视频或者图文内容，你要认同自己"读书博主"的身份。

但关键的问题又来了。如何才能形成这样的身份认同呢？一个非常有效的方式是：**重复某种行为。你重复一种行为的次数足够多，它就会成为你认同自己身份的证据。**

请试着回忆一下，在你的学生时代，那些被称为"学霸"的人，他们的考试成绩靠前的次数是不是比其他人多？同样，你每完成一篇 500 字的文章，每发布一条几分钟的音频，每发布一条读书类短视频，都是在巩固自己"作家""有声者""读书博主"的身份。

第 2 个心法：长期高标准，短期低要求。

什么是"长期高标准"呢？简单来说，就是你得给自己设定一个从长远看来相当高的标准，比如，描绘出 10 年后你想成为的样子。这不仅仅是对未来的一个想象，更是你对自己身份的一种深刻认定。这种以未来为锚点的身份认同能深深触动你的内心，激发你的渴望和动力。每当懒惰的想法冒出来时，你会听到一个更强大的声音在心底回响：你可是一名作家 / "有声者" / 读书博主呢！这个未来的你会催促现在的你去完成当下应该完成的任务。

那什么又是"短期低要求"呢？简单来说，就是在短期内你给自己设定的任务要尽可能容易完成。为什么要这样做呢？因为如果你设定的任务难度过高，虽然短期内你可能咬咬牙可以完成，但只要有一两次未能完成，你的心理防线就很容易瓦解。在这种情况下，你会开始对自己产生怀疑，最终甚至完全失去信念，失去动力。

想象一下，如果你每天给自己定下更新 10 条音频的任务，或者必须完成 3 条短视频的拍摄、剪辑和发布的任务，当你连续几天都完不成后，你会不会开始认为"我根本做不到"，进而放弃呢？相反，如果你把任务设定为每周更新 3 条音频或者每周更新 1 条短视频，那么这个任务就变得非常容易完成。即使某段时间状态不佳，你也有时间调整，不会有太大的压力。每次成功完成任务后，你会获得一种成就感，这会进一步增强你的自信心，让你更加认同自己的身份。

03　最后的话

要想解决做副业心力不足的问题，关键不是你某一天走了多远，而是**每天有寸进，永远不要停**。在这里送上我最喜欢的金句：**小草不争高，争的是生生不息；流水不争先，争的是滔滔不绝**！

最后，祝你早日形成对自己身份的认同，早日定下长期的高标准和短期的低要求，每一天都有心力，每一天都有寸进！

4.2 副业执行力提高 3 倍的关键

除了一个观点、两个心法，你还需要 4 个有效提升副业执行力的技法。

第一个技法叫作：为自己设置提示。请千万不要小看这个简单的动作，它能让你的副业执行力提高 3 倍。

01 提示的威力

英国的一些心理学家曾进行了一项有趣的实验，他们召集了 248 位参与者，想看看在两周的时间里能否帮助他们养成健身的习惯。参与者们被随机分成了 3 个小组，每个小组的任务都有所不同。

第一组是对照组，这组成员的任务很简单，就是记录自己的健身频率。

第二组是动力组，除了记录健身频率，这组成员还阅读了一些关于运动益处的文章，并且研究人员向他们解释了运动有助于降低患冠心病的概率以及改善心脏健康的科学原理。

第三组是实验组，这组成员在完成第二组所有任务的同时，还做了一件特别的事情：写下一句个人计划，比如"我打算下周 ×× （时间）在 ×× （地点）进行至少 ×× 分钟的锻炼"。

结果你猜如何？第一组和第二组里，大概只有 1/3 的人每周能去锻炼一次；而第三组中，居然有超过 90% 的人做到了每周至少锻炼一次。

《掌控习惯》的作者，美国知名习惯研究专家詹姆斯·克利尔指出：**"时间和地点是两种最常见的提示，当人们就何时、何处、具体做什么事情制订出具体计划后，就会更可能贯彻执行计划。"**

为什么简简单单的一个提示会有如此大的威力呢？这背后是大脑在起作用。我们的大脑为了节省能量，总是倾向于对重复的事情进行自动化处理。刚开始做一件新事情的时候，我们需要特别刻意地去做。但随着时间推移，当我们反复去做这件事时，大脑里有个叫"基底神经节"的部分就开始起作用了，它会逐渐让这个行为变成一种习惯。

基底神经节就像大脑里的习惯管理员，它需要明确的信号来触发这些自动化的行为模式。如果我们为某项活动设置了具体的提示，比如在固定的时间、地点做某件事情，大脑就能更快地识别出这些信号，并启动相应的习惯回路。换句话说，提示就像给大脑设定了一个开关，只要到了那个时间或者地点，大脑就知道接下来该做什么了。

所以，当你能为自己制定从事副业的具体提示时，你将会拥有更强的执行动力。接下来，我和你分享 3 种我践行下来非常有效的具体策略。

02 策略 1：构建"3 个固定"

什么是"3 个固定"？它指的是**在固定的时间、固定的地点做**

固定的事情。举个例子，我每天早上 5 点起床后，会到我家的阳台上开始写作。这就是我践行的"3 个固定"。

对你而言，可能一下子做到 5 点起床有点困难，但没关系。你可以选择一天中你觉得比较清静、不容易被打扰的时间，找一个能让你放松下来、集中注意力的地方，然后在那里专注于你的副业任务。比如，你可以选晚上孩子入睡之后的一小时，或者周末上午家人还没起床的时候。

当你持续在这个特定的时间和地点重复做同一件事情，这个时间和地点就会逐渐获得特殊的意义。渐渐地，你会发现自己一到那个时间，内心就有一种强烈的冲动促使你去做那件事情。这种感觉就像是你给自己的大脑设定了一个自动提醒，告诉它："是时候做副业了。"

所以，不妨现在就拿出笔来，在本书的空白处写一句话，或者打开手机微信，给自己发一条消息，你可以写："晚上 7 点，我会在地铁上用手机写 200 字的文案。"或者"晚上 9 点，我会坐在计算机前录制一段 3 分钟的音频。"。如果你还在犹豫什么时候开始，可以考虑将下个月的第一天作为你启动"3 个固定"的日子。大部分人类天生喜欢仪式感，选定这样一个特别的日子作为起点，会让你更有动力和决心坚持下去。

试试看吧，设定你的"3 个固定"，你会发现它不仅能帮你更好地管理时间和精力，还能让每一天都充满目标感和成就感。

03 策略 2：进行习惯叠加

习惯叠加也是一种有效的策略，它能让你的新习惯搭上旧习惯的"顺风车"。因为旧习惯已经深深植根于你的日常生活中了，所以它们可以自然而然地成为新习惯的触发点。这样一来，养成新习惯就不再那么费力了。

比如，我作为一名作家，除了创作内容，还需要不断积累新的素材。为了更高效地完成每天的内容输入，我用了一个小技巧：每天吃完午饭后，我会去散步，同时利用这段时间听一集播客或者一节有声书。这不仅让我的头脑得到了休息，还让我在轻松愉快的氛围中获取了新的知识。

吃午饭几乎是每个人每天都不会遗漏的事情，而饭后散步对健康也有诸多好处。因此，我把散步和听播客或听有声书结合在一起，使之成为我固定的、高效的输入方式。这种方式既保证了我每日有足够的活动量，也保证了我的内容输入丰富且持续。

其实，除了午饭时间，你还有很多机会可以进行习惯叠加。想想看，每天晚上刷牙前的几分钟、下班回到家后的空闲时间、周末吃完早餐后的悠闲时光——这些都是你可以利用的绝佳场景。将与副业相关的任务列出来，看看哪些是你觉得坚持起来有点难的，然后试着把这些任务与你现有的习惯联系起来。

随着时间的推移，你会发现这些新旧习惯开始自然地融合在一起了。例如，如果你每晚刷牙前都花 5 分钟回顾当天的副业进展，或者每周六早上一边喝咖啡一边规划下周的任务，慢慢地，这些行为就会变成你生活的一部分，你无须太费力就能完成。

04 策略3：拒绝坏的提示

如果你的工位上摆放着各式各样的零食，猜猜3个月后会发生什么？你很可能会胖3斤！

举这个例子其实是想说明一个重要的道理：我们必须学会拒绝那些会干扰我们的"坏提示"。当你专注于某项副业任务时，最糟糕的事情就是被不相关的提示打断。我以前就掉进过这样的"坑"里——写作的时候习惯性地登录计算机上的微信。每次收到微信新消息，那个小图标就会不停地闪烁，仿佛在说："点我呀，点我呀！"结果呢，我总是忍不住去查看，这不仅分散了我的注意力，还打乱了我的思路。

我意识到这个问题后便给自己立了个规矩：每当我开始写作时，计算机上绝不登录任何社交软件，手机也调成静音模式。只有当我完成了当天的任务之后，才会登录社交软件并将手机恢复至正常模式。这么做之后，我发现自己的工作效率大大提升，写作时的专注度也提高了好多。

05 最后的话

发展副业没有捷径，但有策略。当你**理解了提示的威力，构建了"3个固定"，进行习惯叠加，并拒绝坏的提示**后，你也可以在自己的副业之路上狂奔。

4.3 如何"跳着踢踏舞"做副业

"股神"巴菲特有一种状态曾经让我羡慕不已，他说他每天都是跳着踢踏舞去上班的，这体现出他对于工作的热忱几十年如一日，毫无衰减。

那么，我们怎么才能保持对副业的热情，不让它成为一时的冲动呢？秘诀就在于我接下来向你分享的**第二个技法：激发内心的渴求**。这份渴求能成为支撑你持续前行的强大动力。

01 渴求的原理

我曾在《行为上瘾：拿得起，放得下的心理学秘密》一书中介绍过一个叫作"奥尔兹电击老鼠"的实验。这是一个揭示大脑奖励机制的经典研究。1954 年，美国著名神经学家詹姆斯·奥尔兹与彼得·米尔纳进行了一项开创性的实验。他们将电极植入老鼠大脑的特定区域，每当老鼠无意中按压实验装置中的小推板时，这些电极就会刺激老鼠大脑中的快感中枢。这种刺激促使老鼠的大脑释放多巴胺——一种与愉悦和奖励密切相关的神经递质。结果令人震惊：老鼠像着了魔一般，不断地重复按压小推板，直到精疲力尽。

这个实验不仅展示了多巴胺的强大作用，也揭示了它与行为习惯之间的紧密联系。从脑科学的角度来看，多巴胺不仅在我们体验到快乐或满足时释放；实际上，它的作用原理更为复杂。**当预计我们的行为会带来奖励，比如即将得到认可或者即将享受某种活动时，大脑会释放多巴胺。这使得我们在行动之前就已经感受到一种充满期待的愉悦，从而增强我们去做出相应行为的动机。**

比如，你在发朋友圈之后会不会频繁查看有没有人给你点赞、评论？为什么那么多人会沉迷于手机游戏，尤其是那些可以获得稀有物品的随机奖励游戏？这些行为背后的原因在于，当你收到"朋友的点赞或马上就能获得稀有物品"等正反馈时，大脑就会迅速分泌多巴胺，给予你满足感。这种正向强化循环使得你更有可能在未来重复同样的行为，以再次体验那种愉悦的感觉。

是的，这就是"渴求的原理"，是人们的某些行为可以成为习惯甚至使人们对某些行为"上瘾"的根本原因。那么，我们有没有什么办法，可以充分运用这种"上瘾"机制，让它为我们的副业大计提供助力呢？接下来，我会和你分享两种行为设计策略，让你也能"跳着踢踏舞"做副业。

02 策略1：像训练猛兽一样训练自己

就像我们在第三章里讲的那样：日拱一卒，苦练基本功。修炼本身是比较"苦"的，人类的大脑天然趋利避害、趋乐避苦，所以，我们需要让修炼"甜"一点。

具体要怎么落实呢？请想象一下马戏团里的驯兽员是怎么训

练动物的。他们用一套精心设计的奖励机制，确保动物愿意一遍又一遍地重复特定动作。他们都明白一个道理：如果每完成一个动作都能得到一点美食或者其他形式的小奖励，动物们就会更乐意配合，久而久之，这些奖励就会变成它们的期待，而它们的行为则会成为习惯。

我们可以将这个道理用在自己的修炼过程中。每当我们在副业或任何想要养成的习惯上迈出一小步时，就给自己一些小小的奖励。这不仅能让我们感到开心和满足，还能帮助我们将这些努力变成自然而然的习惯。通过这种方式，我们可以把修炼的过程变得更有趣、更有动力，而不是一味地苦练。

比如，小 Q 在一边上班一边坚持更新知识星球的那段时间，付费用户数量每达到一个里程碑，她就会给自己买一件之前不舍得买的礼物，或者去一个略显高档的餐厅用餐。

这样的奖励机制真的很有效，它不仅仅是一件礼物或一顿精致餐食的事儿，更是一种自我鼓励的方式。因为随着每一次对自己的奖励，我相信小 Q 的大脑一定会分泌多巴胺，让她觉得自己仿佛是游戏中的角色，吃到了一个能量块，又有了动力去达到下一个里程碑。

渐渐地，当她创作的内容在知识星球 App 上能够登上付费排行榜或人气排行榜的时候，尤其是当知识星球公众号都发出一篇推荐 YS 运营知识星球的推文的时候，我猜她的大脑内的多巴胺很可能会喷涌而出，让她哪怕没有给自己买礼物，也会写得不亦乐乎，停不下来。

03 策略2：通过群体强化自己的渴求

请你想象一下，如果你住在一间室友每天晚上都沉浸在游戏中的寝室，你是不是也会不由自主地跟着玩起来？相反，如果寝室里的每个人都热衷于学习，一个学期下来，你的成绩是不是也可能跟着提高？

没错，这就是群体对个人的影响。周围的人做什么、怎么想，能潜移默化地改变我们的行为和习惯，强化我们的渴求。具体来说，强化渴求的形式有两种。

第1种形式：通过行为强化渴求。

群体中的行为有很明显的带动作用。比如，当你身处一个积极向上的群体中时，你会发现大家都在努力做同样的事情，例如一起学习、一起锻炼。这种群体行为会形成一种无形的压力和动力，促使你加入其中。譬如，看到室友们都早早起床跑步，你可能会觉得："好吧，那我也起来吧。"慢慢地，你会发现自己也养成了早起运动的习惯。

第2种形式：通过结果强化渴求。

除了行为本身，群体还能通过展示他们的成果来激励你。当看到身边的人因为坚持某个好习惯而取得了显著进步或成就时，你会受到极大的鼓舞。比如，你的朋友因为坚持发布某类图文内容而获得大量点赞，或者因为定期健身而变得更健康、更有活力，这些成功案例会让你更加相信自己也能做到同样的事。此时，你不禁会想："他们可以，为什么我不行？"这种心态会极大地增强你对实现自己目标的渴求和信心。

所以，如果你打算认真对待副业，最好能找到一个相关的圈子。比如，写作者可以找写作圈，主播可以找主播圈，读书博主可以找读书圈。这些圈子能给你满满的正能量和支持。如果你一时找不到免费的合适的圈子，不妨考虑付费加入一个专业的圈子。

在这样的圈子里，你会遇到一群志同道合的伙伴，大家互相激励、分享经验，这种互动本身就是强化你内在渴求的强大动力。特别是当圈子里有人突然取得重大突破，比如发布了一个"爆款"作品，收获了大量佣金的时候，那种成功的喜悦和可能性会极大地鼓舞你，让你也充满干劲。

总之，在一个积极向上的副业圈子里，你会发现保持热情和动力变得轻松多了。环境真的很重要，它能帮你点燃内心的火焰，让你在副业之路上走得更稳、更远。

04 最后的话

在这个快节奏的世界里，保持对副业的热情并不容易。但正如"股神"巴菲特每天跳着踢踏舞去上班那样，我们也可以通过激发内心的渴求，让这份渴求成为支撑你持续前行的强大动力。

从"奥尔兹电击老鼠"实验中，我们了解了多巴胺的强大作用及其与行为习惯之间的紧密联系。每一个小小的奖励，每一次群体的激励，都能像多巴胺一样，在我们的大脑中绘制出一条通往成功的路径。无论是给自己买的一杯拿铁，还是加入一个充满正能量的副业圈子，这些方法都能帮助我们在修炼过程中激发渴求，而不只是执行任务，苦苦坚持。

最终，你会发现，成功并不是一蹴而就的奇迹，而是由日复一日的小进步和无数次微小胜利累积而成的。正如那句话所说：**"真正的热情不是一时的冲动，而是在每一天的努力中找到快乐，并在每一个小成就中获得力量。"**

4.4 如何通过 MR 模型持续发展副业

你知道《巴黎圣母院》这本世界名著吗？你知道这部旷世巨著是在怎样一种情景下被写出来的吗？你可能想象不到，法国大文豪维克多·雨果也是普通人，他也有拖延症。

雨果曾向出版社的编辑老师夸下海口："我一年就能写完《巴黎圣母院》。"结果一年快到了，雨果仍未写完。出版社的编辑老师很无奈，只能给雨果重新定了个最后交稿期限。雨果痛定思痛，为了逼自己专心写作，他想了个绝招：把自己所有衣服都锁进柜子里。他心想，冬天没衣服穿总不能出门了吧，这样一来就只能乖乖待在家里写书了。这个办法还真管用！最终，他在最后交稿期限前两周完成了《巴黎圣母院》的创作，并顺利交稿。所以你看，拖延症不罕见，即使是大文豪，有时候也需要一点特别的方法来克服拖延症！

这个特别的方法就是我们的**第三个技法：MR 模型**。

01 MR 模型

什么是 MR 模型？M，是 Motivation，动力；R，是 Resistance，阻力。MR 模型认为，一项行动之所以会发生，是因为动力减去阻力的结果大于零。

其具体公式为：行动力（Action power)= 动力（Motivation)-阻力（Resistance)。

当雨果面对最后交稿期限时，拖延和分心已经占据了上风，导致他的写作进度滞后。然而，雨果巧妙地通过将自己"困"在家里来扭转这一局面。他通过增加外部阻力（没有外出穿的衣服）使出门变得几乎不可能了：

出门行动力（↓）= 动力（不变）- 阻力（↑）

当时没有互联网和电视机，雨果没有其他选择，只能在家坐在书桌前专心写作：

写作行动力（↑）= 动力（不变）- 阻力（↓）

同样，当你在做副业时，可能也会由于缺少行动力而导致你的副业行动受阻。你嘴上可能会说：最近太累了，工作太忙了，家里还有其他闹心琐事。**但你的心里很清楚：你只是缺少行动力而已，是拖延困住了你。**

所以，为了让你的副业能够持续进行下去，你也可以借鉴 MR 模型，用 3 个简单的行为设计策略来帮自己一把。

02　策略 1：利用仪式感，放大动力，让行动自然发生

仪式感是一种放大器，它能放大那些让你感到愉悦和重要的时刻，从而为你的行动注入更多动力。

首先，每天开始做副业前，你可以先泡一杯自己喜欢的茶或咖啡。这个小小的动作不仅能给你片刻宁静，还像一个信号，告诉

你"好戏即将开场"。

其次，你还可以准备一个专属的工作角落，哪怕只是一张小桌子或沙发的一角，并放上一个沙漏。沙粒徐徐下落的时候，仿佛时间也被赋予了一种特别的节奏。你可以把它当作一种提醒：每一粒沙子落下，都代表你在向今日的目标迈进。每次坐在这里，你会自然而然地进入工作状态，仿佛周围的世界都变得安静下来，只剩下你和你的任务。

就像我在《自律上瘾：用自律拿到结果的 28 个逆袭策略》里说的那样，这个小小的沙漏不仅是一个计时工具，还是你提醒其他人别打扰你的一种方式。在沙漏帮助你集中注意力的同时，沙漏里剩下的沙粒也能告诉正准备和你说话的家人，你大概还有多长时间才会结束目前的专注状态。这样一来，当沙粒慢慢落下，你便能在仪式感的放大下，感受到一种宁静的力量，激励自己专注当下，高效完成手头的副业任务。渐渐地，你会发现，每次坐下来，你都能迅速进入状态。

再次，播放一段能激发你灵感的音乐也是个好主意。它能帮你集中注意力，还能起到舒缓情绪的作用，让你更有动力去完成任务。就像有些人写作时必须听古典音乐一样，你可以找到适合你的固定乐曲。

最后，你甚至可以准备一套专门用于副业的"工作服"。换上一件舒适的运动衫或戴上围巾，这种小小的设计也能显著增强你的职业感和专注力。就像雨果把自己锁在家里写作一样，你也可以通过这种方式告诉自己：现在是认真做副业的时间。

通过这些小小的仪式，你会发现内心的积极动力被放大了，你的每一次行动也变得更加自然了。随着时间的推移，这些仪式会逐渐成为你生活中不可或缺的一部分，帮助你轻松迈出行动的第一步。

03 策略 2：使用 1 分钟法则，减少阻力，快速开始

"万事开头难"，这句话是很有道理的。比如，如果你从今天开始每天录 3 节、每节 10 分钟的有声书，可能坚持不到两个星期你就想放弃了——因为你还没养成习惯。那到底要怎么做才能养成习惯呢？答案其实很简单：从每天录 1 分钟开始。

想象一下，每天上班前或者下班后，哪怕你再累，家里杂事再多，总能抽出 1 分钟来做点什么吧？这 1 分钟可以用来打开手机，启动录音应用程序，朗读一段文字。这样，你就完成了今天的副业任务！

这就是所谓的"1 分钟法则"，每天花 1 分钟，坚持一段时间，你就能把这个小行为变成大习惯。 以此为起点，慢慢地，你会发现这 1 分钟变成了 5 分钟、10 分钟，甚至更多。关键是，它让你轻松迈出了最难的第一步，让坚持变得不再那么困难。

04 策略 3：进行环境设计，当行动发生时，让心流状态持续

我们之前提到过"心流状态"，它是指当你完全沉浸在某项活动中时的那种状态。在心流状态中，你会感觉时间飞逝，做事情变得异常顺利，仿佛一切都自动完成了。但问题是，心流状态很容易被打断——一点小噪声，甚至是你自己的思绪跑偏，都能让你瞬间脱离这种高效的状态。为了让心流状态持续得更久，你需要精心设计你的工作环境。

首先，尽量减少一切可能打断你的东西。 把手机调成静音或者干脆放在另一个房间，关闭计算机上的通知提醒。如果你容易被

外界打扰，不妨戴一副降噪耳机，播放一些轻柔的背景音乐或白噪声，以隔绝外界干扰。

其次，一个整洁的工作环境既能改善你的心情，也能减少你分心的机会。你可以花几分钟整理一下桌面，只留下完成当前任务所需的物品。这样每次坐下来工作时，你都会感到清爽和有条理，更容易进入心流状态。

最后，给自己设定清晰、具体的小目标也很关键。比如，"今天我要剪辑完这段读书短视频"或者"这25分钟内，我要学习研究读书博主相关的资料"。明确的目标能给你方向感，帮助你更快地进入心流状态，并且每完成一个小目标都会带来成就感，激励你继续前进。

05　最后的话

在"做副业拿结果"的路上，我们都是自己这家一人公司的首席执行官。无论是面对拖延的挑战，还是寻找激发内心动力的方法，关键在于找到适合自己的策略，并切实地将它们付诸实践。正如雨果用他独特的方式完成了《巴黎圣母院》，你也能够利用这些行为设计策略——**"利用仪式感，放大动力，让行动自然发生；使用1分钟法则，减少阻力，快速开始；进行环境设计，当行动发生时，让心流状态持续"**来逐步构建起属于自己的副业之路。

最后，请永远记得，每一个微小的进步都是向着更大成就迈进的重要一步。

4.5　日拱一卒，功不唐捐

如果你有 1 万元，好不容易让它增值 50%，变成了 1.5 万元。那你猜猜，贬值多少会让它变成原来的 1 万元？答案是只需贬值 33%。

1 x (1+50%) x (1–33%) ≈ 1

这就是为什么查理·芒格常说：**"复利的首要规则是，除非万不得已，否则永远不要打断它。"**

那怎样才能不让复利被打断，在副业这条路上真正做到"日拱一卒，功不唐捐"呢？答案就是我们的**第四个技法：运用正反馈法则**。

正反馈法则包含 3 个策略，我们一个个来说。

01　策略 1：及时给自己奖励

我曾在《了不起的自驱力：唤醒孩子的学习源动力》里提到过，为什么很多孩子不愿意练字呢？明明知道坚持练字可以把字写好，但很多孩子就是坚持不下去。这是因为练字存在所谓的"滞后效应"，即在付出了一定的努力后，其影响或结果不会立即显现。这就好比你在洗澡时，打开热水龙头，你得等上几十秒，才有热水。

同样的道理，在练字的过程中，孩子练一次、两次是看不到明显进步的，所以在此过程中，就很难有进步感和成就感。慢慢地，孩子的心理能量就容易枯竭。那怎么办呢？一个有效的办法就是及时给他们奖励。我的策略是让孩子一边练字，一边听听《斗罗大陆》《明朝那些事儿》这类他喜爱的广播剧。练字这件枯燥的事和听广播剧这件有趣的事结合在一起，就相当于及时给了孩子奖励，这样一来，孩子就有了持续练字的动力。

事实上，你每天下班后从事副业也是一样的。如果你是新手读书博主，发布了几条短视频却看不到什么正向的反馈，你也会感到心力交瘁。但你要明白，这同样是一件存在滞后效应的事。你很可能在发布了100个作品后才会出现"爆款"，才会拥有大量粉丝；写文章也是类似的道理，可能你写完5篇、10篇后，你的水平都不会有太大的变化，但当你进行了刻意练习，写完50篇、100篇的时候，你的水平就可能有质的提升。

所以，针对这种情况，一个比较好的策略就是及时地给自己一些奖励。比如，每天完成当天的小任务后，奖励自己打一局游戏或者看20分钟短视频，总之，你喜欢什么，就奖励自己什么。只有把消耗精力的事和让你感到愉悦的事结合在一起，你的行动才能持续，你才不至于因为看不到效果而放弃。

02 策略 2：可视化你的成果

你知道吗？把每天的努力记录下来，真的能让你看到巨大的变化。比如，如果你想在未来成为作家，可以每天记录自己写了多少字；如果你想做有声书主播，每次发布完音频后，可以在日历上对应的日期处打个钩。这不仅仅是个简单的打卡游戏，更是对你的进步的见证。

我的一个写作营的学生就是这样做的。刚开始时，她每天只写300字左右，但她坚持每天记录自己写的字数。慢慢地，她不仅养成了坚持写作的习惯，而且越写越多。当我写这节内容时，她已经写了将近10万字了！你能想象吗？从每天写300字，到累计写了10万字，这就是坚持的力量。而且，这10万字也能给她带来身份认同。

如果你坚持每天记录下自己做了多少，渐渐地，你会发现其实你一直在进步，哪怕这些进步很小。这种感觉会激励你继续前进。就像爬山一样，每走一步都能看到离山顶更近了一点，你会更有动力继续攀登。通过记录，你能清楚地看到你在哪些地方做得好，在哪些地方还需要改进。比如，你明确知道自己哪一天写的字数特别多，哪一天可能因为某些原因少写了，这样你就能找到规律，调整策略，让自己更加高效。

更重要的是，你看到自己一步步积累起来的成绩时，会觉得所有努力都是值得的。即使遇到困难，你也能因为看到过去的成果而重新振作起来。这就是自我效能感的来源——相信自己有能力完成某一目标。

你可能会问，应该用什么工具来记录呢？答案很简单：怎么方便怎么来，找到你觉得容易坚持的方式就可以了。每天花几分钟更新你的记录，长期来看，这些小小的记录会变成你宝贵的财富。

你可以每周或每月花点时间回顾一下自己的进展，看看有没有什么有趣的变化或趋势。渐渐地，你会发现，原来自己已经走了这么远！

可视化你的成果，你不仅能更好地了解自己的进步，还能在副业或其他长期项目中保持持续的动力和热情。每一个小的进步都值得被记录和庆祝。在这个过程中，你也会体会到日积月累的力量。

03 策略 3：找一个副业"搭子"

什么是副业"搭子"呢？简单来说，就是你在副业路上的盟友。这个人能和你一起前行，还能在你感到疲惫或迷茫时给你支持和建议。找这样一个副业"搭子"至少有 3 个重要的好处。

第一，相互鼓励。 做副业会遇到不少挫折和瓶颈，这时候有个"搭子"在旁边鼓励你，能让你重新振作起来。你们可以分享彼此的成功和失败，互相打气。比如，当你完成了一个重要的任务或者达到了一个小目标时，你的"搭子"可以第一时间为你庆祝；而当你遇到困难时，他也能及时给你加油打气，告诉你："你可以的！"

第二，相互给建议。 每个人都有自己的独特视角和经验，"搭子"能为你提供宝贵的意见。当你陷入困境时，他的建议可能会让你豁然开朗。反过来，你也可以为他提供建议和支持。这种双向交流不仅能让你们共同进步，还能拓宽你们的思路和视野。

第三，相互监督。 有了"搭子"后，你们可以一起制定规则，互相监督，确保你们都能坚持下去。比如，你们可以约定每天打卡，记录自己的进展。如果有人连续两天没有打卡，没打卡的人要给连续打卡的人发一个 88 元的红包。这不仅是小小的惩罚机制，更是激励彼此不断前进的动力。

那要怎么找到合适的"搭子"呢？其实可以从身边开始找起。看看有没有朋友在做类似的副业，或者有兴趣一起做。他们可能已经有了一些经验，能帮助你更顺利地开启副业。如果身边找不到合适的人，也不用担心，还有其他方法。

你可以考虑付费加入某个训练营。这些训练营通常参加者众多，大家的目标也相似，你可以很容易地从中找到一个你觉得相处起来很舒服的"搭子"。而且，在这样的环境中，大家一起学习、进步并互相支持的感觉会特别棒。

04　最后的话

在做副业的道路上，通过**及时给自己奖励、可视化成果以及找到与你并肩作战的副业"搭子"**，你会发现自己不仅是在积累财富，更是在塑造一个更加坚韧和充实的自己。

是的，日拱一卒，功不唐捐。

请相信，你所有的努力都不会白费，你今天的每一份付出都将成为明天成功的基石。所以，请继续保持前进的步伐，因为通往终点的路上的风景会让你觉得一路的汗水与坚持都是值得的。愿你在逐梦的路上步步稳健，最终实现自己的价值。

第五章

商业篇

5.1 商业的本质是稀缺

我们做副业，最终的目标往往不是陶冶情操，而是希望它能给我们带来工资之外的收入。那么，究竟要如何做才能让副业变现呢？在此之前，你需要先理解商业的本质。

01 商业的本质是稀缺

稀缺其实不是看东西的绝对数量有多少，而是看东西相对于人类的需求来说够不够。人类的需求是各种各样的，也是越来越多、要求越来越高的，用来满足这些需求的东西不够用的时候，这种状态就叫作稀缺。

请想象一下，你在沙漠里和一位富翁一起迷了路。你幸运地带了 5 瓶矿泉水，但富翁已经没有水了。在这样的情况下，你手上的矿泉水就变成了极其稀缺的资源。这时候，对于极度口渴的富翁来说，他可能愿意出极高的价钱，比如 2 万元，只为买 1 瓶你的矿泉水来解燃眉之急。

然而，一旦你们安全返回城市，情况就完全不同了。富翁可以轻易地从超市、便利店等地方买到水，这时你那几瓶矿泉水的单价就只有 2 元左右了。

通过这个简单的例子，我们可以看到，一样东西稀缺与否，主要取决于"供给"与"需求"的关系。当"供给"小于"需求"时，这样东西就很稀缺；而当"供给"大于"需求"时，这样东西就不再稀缺了。

供给与需求的博弈，在整个商业世界中是普遍存在的现象。可以说，商业的本质，就是稀缺。

你可能会问，理解这一点对我们经营副业有什么作用呢？作用非常关键。

因为在你经营自己的副业时，你需要不断地使用"稀缺"这把标尺来审视和调整你的产品或者服务。

无论是知识星球、有声内容、读书分享或者写作，这些都是副业的"壳"，而你填充其中的内容，才是真正的"核"。

没错，你需要设法打造稀缺的产品或服务。

02 打造稀缺的产品或服务

什么才是稀缺的产品或服务呢？用我们已经讲过的概念来说，其实就是那些在市场上有很大需求，但目前却很少有，甚至几乎没有能很好地满足这些需求的东西。

就拿本书来说，它是我众多产品之一。那我为什么要挑选这个选题呢？原因有两个。

第一，它符合时代的需求。

现在这个时代可以说是经济周期和社会快速变迁共同作用的结果。就实体产品来说，全球的生产能力已经非常强了，但人们对于实体产品的功能需求却没有跟上。比如，像空调、冰箱这样的家用电器，大多数家庭都已经有了，而且这些家用电器的质量也不错，用着挺好的，所以人们暂时没有太多更新换代的想法。这样一来，对于传统家用电器行业里的企业而言，销售难度显著提高。

如果企业的经营状况不太好，那么企业里的员工的收入也会跟着受影响，甚至可能会遇到降薪或者裁员的风险。因此，掌握一种副业技能，通过发展副业技能来增加收入，十分重要。

第二，它符合垂类群体的需求。

读到这里，你肯定已经明白了：本书虽然是关于发展副业的，但它并不是为所有人准备的，而是为 i 人量身打造的解决方案。因为 e 人性格开朗、善于社交，所以他们找到副业的机会天然就比 i 人要多很多。但 i 人也有经营副业的需求，谁能更快更好地满足他们的需求，谁就能争取到他们的注意力。更何况，专门为 i 人准备的副业指南少之又少，所以本书就显得特别稀缺，就像"沙漠中的矿泉水"一样宝贵。

所以你看，如果你也能有意识地选择那些需求旺盛但供给相对不足的领域来打造你的产品或服务，你会发现，自己的副业成功的机会大大增加了。

事实上，这也是前文中"YS 运营知识星球"球主小 Q 要深耕"运营"领域；小 Z 故意避开"热得发烫"的有声小说，主要聚焦在非虚构的社科书品类；读书博主小 H 采用"高颜值布景 + 深入阅读书籍"方式来构建自己的读书服务的根本原因。他们都在设法满足一部分人的需求，而目前还没有太多精准的产品或者服务可以满足这部分人的需求。

因此，为了让你的产品或者服务变得稀缺、有价值，能在客观上帮助你实现副业变现，你也要重视商业认知，而不是单纯地努力。

03　成为稀缺的人

更进一步地，相较于单一的稀缺产品或者服务，更重要的一点是，你要设法成为一个稀缺的人。

因为副业虽然一个人也能干，但它离不开人与人之间的协作。而只有成为一个稀缺的人，你才会获得更多资源方的青睐，让你的稀缺产品或者服务触达更多有需求的人，从而为你的副业变现添薪加柴。

那如何成为一个稀缺的人呢？你需要记住 3 个字：**特、快、好**。

"特"，就是你一定要展现出自己的独特性。比如，拥有百万粉丝的"有声者"小 Z 为什么会那么受欢迎呢？不仅是因为他的嗓音有辨识度，更重要的是每完成一段有声内容的演播后，他都会分享自己对这段有声内容的独特见解和感受。这是绝大多数"有声者"无法做到的事情。同样，读书博主小 H 和其他读书博主不一样的地方在于，其他读书博主只是简单地分享对一本书的见解，但小 H 用美观的布景来吸引用户的注意力，使用户忍不住多看几眼。

"快"，则是你能紧跟时代的步伐。例如，YS 运营知识星球的球主小 Q 总能走在专业运营的最前沿。每当市面上出现新的增长策略或玩法，小 Q 都会第一时间进行详细解析，或者邀请那些实际操作过的人来分享经验。这样，在这些新的增长策略或玩法还没让大众感到厌倦之前，加入星球的运营人员就能迅速学习并将这些策略和玩法应用到自己的项目中，取得实效。

"好"，是你能真正地解决用户的问题。譬如，李笑来老师有一本叫作《TOEFL 核心词汇 21 天突破》的书，这本书畅销又长销，这是为什么呢？原因很简单：它实实在在地帮托福考生解决了备考中的大难题。托福考生们每天都在为考试焦虑，不仅要掌握大量的英语词汇，还要在有限的时间内高效备考。李笑来老师的这本书正好击中了他们的痛点。它没有收录所有英语词汇，而是聚焦于高频出现的核心词汇；它不是让你花几个月时间慢悠悠地夯实英语基础，而是让你只用 21 天就能快速掌握。所以，对托福考生来说，这本书就像救命稻草，提供了明确的路径。这就是对用户"好"，即真正地解决用户最关心的问题。

你可能会问："那'省'呢？价格低廉是不是也是一个卖点呢？"能提出这样的问题，说明你在商业认知上已经有了一定的基础。不过，这里需要特别注意的是，"省"代表的价格低廉虽然是用户会选择一项产品或服务的重要原因之一，但低成本往往依赖于规模效应，即通过大规模生产和运营来降低成本。对于个人来说，要和大企业比拼这种规模效应几乎是不可能的。

所以，关键是要把重点放在你能掌控的优势上，而不是走入一条不适合你，对你来说没有商业价值的岔路。与其追求"省"，不如专注于"特、快、好"，在这些方面下功夫，找到自己的独特价值。毕竟，个人的独特性和灵活性，正是你与大企业竞争时的最大优势。这样，你才能更好地定位自己，避免走弯路，从而确保副业取得成功。

04 最后的话

在副业的道路上，"卷"努力不如"卷"商业认知。

通过精心打造满足市场需求但供给不足的产品或服务，你能够为自己的副业找到一片蓝海。而要让这些产品或服务真正发光发热，关键在于成为"稀缺的人"。

特，做到与众不同；

快，快速捕捉市场趋势；

好，真正解决用户的问题。

做到这 3 点，不仅体现了你在产品或服务打造上的高标准、严要求，更是你在行业中站稳脚跟、明确自我定位的关键。最后，祝你在这个瞬息万变的时代，成为稀缺资源本身，因为**只有足够稀缺，才能对抗规模化。**

5.2　变现就是一个公式

变现，是我们追求的商业目标。但这个目标要如何才能实现呢？这取决于 4 个要素，我们可以用一个公式来表示：

变现 = 流量 × 转化率 × 客单价 × 复购率

那么问题来了，如何在这 4 个要素上下功夫呢？

01　流量

什么是流量呢？简单来说，流量就是在一定时间内通过某个特定地方的人数。比如，一条街上的某家店门口，一小时内走过的人数就是那个地点的流量。流量不仅限于人，网络上的访问量也可以叫流量，例如，有多少人浏览了一个网站或页面。

流量是副业能否变现的第一个关键要素。假如你开了一家店，这家店装修得特别清新雅致，里面的商品也是琳琅满目、应有尽有。但是，如果这店开在荒郊野外，没有人路过，哪怕你店里有别人急需的商品，价格也定得很低，你指望卖出去多少呢？

答案显而易见，再好的东西，再低的价格，如果没有流量，没有顾客上门，也只能是徒劳无功。所以，对于任何副业来说，吸引流量、让人知道你的存在，绝对是第一步，也是最关键的一步。

那流量从哪里来呢？有两条路径。

第 1 条路径是借船出海。

这是指你提供产品或服务，平台帮你搞定流量。 比如，我以前在喜马拉雅工作，喜马拉雅就是一个可以为"有声者"提供流量的平台，因为它本身就有大量的用户。如果你的音频内容足够精彩和吸引人，平台自然会把这些优质内容推荐给更多用户。又如，现在很多读书博主主要在抖音、小红书、快手上更新他们的图文内容。这是因为这 3 个平台主要是公域平台。在公域平台上更新内容，如果内容足够优质、用户完播率高，它们就可能一级一级地进入更大的流量池。

因此，我们经常会观察到一个现象，那就是一个读书博主的粉丝数即使不到 1 万，但当他们的某一条内容走红时，其销售表现可能超过拥有百万粉丝的读书博主。

但公域平台具有较强的随机性，可能一段时间扶持图文内容，另一段时间资源又向短视频内容倾斜。

面对这种情况，又该怎么办呢？除了耕耘公域，你还得动手建立私域渠道。

第 2 条路径是自建流量。

你要怎么自建流量呢？现在自媒体这么发达，你可以从拥有自己的私域自媒体平台开始，这几乎是自建流量的必经之路。运营公众号、视频号，让用户进入你的微信群，或者直接添加你的个人微信，这些都是你自建流量的有效方式。

当然，积累私域流量也是有技巧的。比如，你可以在公众号、视频号里告诉用户，只要他们添加你的个人微信，就可以免费领取资料包。通过这样的方式，你能持续用用户感兴趣的免费内容让更多用户成为你的微信好友。这样一来，你发布的推荐书籍的内容也可以在微信朋友圈里反复触达他们。

随着时间的推移，慢慢地，你就会积累起一批经常向你买书的用户。这些人不仅会关注你的内容，还可能会成为你副业的支持者。所以，利用私域自建流量，是当今非常实际且有效的方法之一。

02　转化率

什么是转化率？ 它是发生实际行为和流量之间的比率。我还是用一家店来举例吧。假设每天有 1000 个人进店逛，但最终只有 10 个人买东西，那么它的转化率就是 10 除以 1000，也就是 1%。

那转化率要如何提高呢？你得记住 2 个关键。

第一，"产品或服务"要与"需求"匹配。

以前有个笑话，说一只小白兔去钓鱼，结果把鱼惹怒了。为什么？因为小白兔总是拿胡萝卜做鱼饵。**所以，在商业世界中，有一句金句曾经给我带来了很大的启发："请不要爱上你的产品，而要爱上客户的需求。"**

第二，充足的购买理由。

什么是充足的购买理由？其中包含 3 个问题。

1.客户到底要解决什么问题？

2.客户解决这类问题是否还存在别的选择？

3.你的产品或服务到底好在哪里？

以本书为例，这 3 个问题的答案如下：

1. 要解决 i 人想做副业但不知道要怎么开始、选什么方向的问题。

2. 市面上暂时还没有专门针对 i 人讲该怎么选方向、该怎么开始做副业的书。

3. 我自己就是个 i 人，我曾做过大量调研，并且就是用这套调研、迭代、内化后的策略得到了好的副业结果，甚至已经把副业变成自己的主业了，因此，我分享的内容有足够的说服力。

事实上，只要你列出的这 3 个要点比你的同行更出色，那么你在转化率上的问题就已经基本解决了。而反观大多数做副业的 i 人，他们可能觉得"我的服务好，我的产品便宜"。可是，到底好在哪里，他们又说不清楚；而便宜，这根本就不是副业应该去"卷"的地方。

03　客单价

客单价的设计是一门学问。每一个做副业的人，都要有自己的引流品、利润品和高客单品。

所谓引流品，就是为了吸引流量而推出的产品或服务。它是帮助你筛选精准客户的工具。比如，我有许多 5 点读书会的微信群，买过任何一本我的书的人都可以进入这些微信群，近距离了解我对我读过的书的看法和我分享的一些观点。

在这些 5 点读书会的微信群里，坚持不下去的人，自己就退群了，而留下的这些伙伴基本都是热爱学习、奋发上进的有为中青年。他们很可能是我之后几十本书的忠实读者，也可能会发自内心地帮助我宣传我的新书。

利润品，则是指那些能为你创造较高利润率的产品或服务。比如小 Q 的 YS 运营知识星球，客单价为 499 元，尽管最后的成交价通常是客单价的 7 折，但几百元的产品能卖几千份，这就是典型的利润品。

高客单品，一般是指价格超过 1000 元，甚至上万的产品或服务。比如我有一个"写作共创研习社"，目前的单价是 5000 元 / 年，后面会持续涨价。

该服务旨在帮助我的学生做 3 件事情：教他们如何写作，帮助他们从不会写到能写，从能写到写好；教他们如何坚持写作，用量变带来质变；教他们如何把写作变成自己的习惯，为未来成为作家奠定基础。

如果在这些学生里，有人能用我教的写作方法坚持写作超过 30 万字，那么他的写作水平就一定不会太差。此时，他如果想要出版一本属于自己的书，是不是就只需要和出版社的编辑老师建立联系并展示成果了？虽然我的课程并没有承诺帮助学生出版书籍，但我会教会他们如何列大纲、做样张，把这些准备工作做好。当这些准备到位了，把成果展示给出版社的编辑老师，不就是水到渠成的事情吗？

所以你看，你只要好好思考、好好践行，就能逐步打造属于自己的产品与服务，在帮助别人解决问题、实现理想的同时赚钱。

04 复购率

什么是复购率？它是指重复购买你的产品或服务的客户的比例。

那怎样才能提高复购率呢？其实很简单，客户只有在你这里真正获得了效益，才会在下次有相同需求或有新需求时，第一时间想到你。

有一个词叫作"近悦远来"，意思是你把身边的客户服务好了，口碑自然就会传出去，远方的客户也会慕名而来。你用心对待每一个客户，他们就会感受到你的诚意，并愿意再次选择你。

所以，要想提高复购率，关键在于真诚地为客户着想，提供有价值的产品和服务，让客户心甘情愿地再次选择你。这样一来，不仅老客户会复购，你还会通过口碑吸引更多新客户。

05 最后的话

在副业变现的旅程中，流量、转化率、客单价和复购率是 4 个至关重要的要素。

没有流量，再好的产品或服务也难以找到它的伯乐。

提高转化率需要精准匹配需求与产品或服务，并提供充足的购买理由。

巧妙设计引流品、利润品和高客单品能够有效提升客单价，从而增加收入。

而真诚服务客户，为客户提供持续的价值，是提高复购率，与客户建立长期稳定的关系的不二法门。

其实，i 人有着独特的魅力，不需要总是羡慕 e 人站在聚光灯下。你只要好好理解这个变现公式，用它用心做副业，用真诚和专业去打动别人，就能在不经意间赢得大家的认可和支持。**在静水流深处努力，亦能获得不凡的成就。**

5.3 如何打造你的产品或服务

无论你打算运营自己的知识星球，成为"有声者"，做读书博主，或者和我一样，成为作家，这些都是外在的"壳"，你要把内容装进去，使其成为你的产品或者服务，这才是你的"核"。

好了，问题又来了。你究竟要装什么内容进去呢？是的，这就是打造你的产品或服务的关键。具体来讲，一共分为 3 个步骤。

01 第 1 步，明确目标受众

你知道小 Q 的 YS 运营知识星球为什么能在客单价为 499 元的情况下，仍旧收获超过 9000 名付费用户吗？除了运气之外，很重要的一个原因是这个知识星球的受众非常清晰——那些想要通过最新运营技巧解决自己工作中的高频痛点的互联网运营人员。这些运营人员每天都在面对各种挑战，从如何提升用户活跃度到怎样优化转化率，每一个问题都需要他们迅速找到解决方案。小 Q 的 YS 运营知识星球正好满足了他们的需求，为他们提供了一个集中的平台。这个平台上不仅有最新的运营技巧分享，还有实战案例分析和实时互动交流。对于他们来说，加入这个知识星球就像找到了高效的"解药"，能快速解决他们在工作中遇到的问题。

如果你的产品或服务覆盖面太广，可能会出现一个问题：用户只用得上其中一小部分功能，却得支付全额费用。换位思考一下，如果你是用户，估计你也不愿意花冤枉钱，对吧？

我之前就犯过类似的错误。当时，我运营了一个单价为265元/年的知识星球，该知识星球的主要内容是每周一到周五将我当周解读的一本书拆分成的若干个片段，每个片段1000字左右。在试运营期间，我邀请了一些人免费加入，大家反响非常好。可是，我正式开始收费时，却发现真正愿意付费加入的人寥寥无几。后来我反思了一下，发现问题出在目标受众太广泛了。虽然我的知识星球的内容丰富，但并不是每个人都觉得这些内容完全适合自己，所以大家的付费意愿就不高。

你的目标受众是谁？他们可能有什么需求？在什么具体场景下，他们会存在什么痛点？把这些问题思考清楚非常关键。

02 第2步，提出假设，寻找产品内核

什么是内核？它是用户选择花钱购买你的产品或者服务时看重的最核心要素。比如，小 H 的图文内容不仅让用户愿意买她推广的书，还让她接到家具厂商的合作邀请。这是因为她的图文内容可以给用户提供情绪价值，还契合家具厂商的高格调定位。

当然，事后提炼出这些榜样的产品内核并不难。真正的难点在于如何结合你的优势去找到你的产品或服务内核。

到底要怎么做呢？你可以先做加法，再做减法。

在做加法的阶段，你得设法把你的产品或服务的优势罗列出来。

我们还是以本书为例，本书的优势有哪些呢？

1. 本书是拿到副业结果者的经验之谈（我通过做副业实现了年入百万）。

2. 本书作者很专业（已经出版了 12 本书）。

3. 本书是为 i 人量身打造的（目标受众很垂直）。

4. 本书内容涉及认知、案例、行动步骤（从概念到落地）。

5. 本书结合了行为心理学（更可能让你"知道"并"做到"）。

6. 本书由全国知名出版社出版（权威、质量保障）。

7. 本书的封面超吸引人（吸引注意力）。

8. 本书的阅读体验佳（结构清晰，重点突出）。

请先别往下看，猜一下，以上 8 条内容中，哪几条是真正的内核？

好，我们现在开始做减法。当然，做减法是非常痛苦的，但这确是一项非常必要的工作。

1. 本书是拿到副业结果者的经验之谈。这个优势在于它能给读者带来希望和动力，表明作者亲身实践过书中的内容并取得了好结果，这会提升读者对本书的信任度。

2. 本书作者很专业。很显然，这可以是出版社选择作者的理由，但不是读者选择本书的理由，因此，要删去。

3. 本书是为 i 人量身打造的。这条强调了本书的特定受众，即 i 人，这是非常重要的一个卖点，因为市场上针对这类读者的书籍相对较少，而本书能够精准满足这类读者的需求。

4. 本书内容涉及认知、案例、行动步骤。这说明本书不仅提供了理论知识，还结合了实际案例，并给出了具体的行动步骤，对于读者来说是非常实用的，可以有效地帮助他们将所学知识应用到实际生活中。

5. 本书结合了行为心理学。这一点非常重要，因为它指出了本书不仅仅提供信息，更通过心理学的方法来引导读者真正改变行为，这对于想要实现个人成长或职业发展的读者来说是极具吸引力的。

6. 本书由全国知名出版社出版。全国知名出版社太多了，而且每个出版社每年都要出版好多本书，读者为什么一定要读本书呢？所以，这条也可以删去。

7. 本书的封面超吸引人。虽然一个吸引人的封面确实有助于销售，但它不是书的核心价值，而是属于营销层面的因素。

8. 本书阅读体验佳。良好的阅读体验当然重要，但同样，这不是决定用户购买的关键因素。

所以你看，真正的产品内核应该是那些直接与用户需求、痛点解决以及产品独特价值相关的部分。**根据我们上面的分析，第 1、3、4、5 条最有可能构成本书的内核。这些要素共同构成了一个强有力的价值主张：一本由亲身体验者撰写的、专门针对 i 人的副业指导书，它不仅提供了系统的认知和实际案例，更重要的是，它融合了行为心理学原理，旨在引导读者完成从了解到做出实际行动的转变。**

03 第 3 步，验证假设，用产品内核去做营销

提炼出产品内核是不是就一劳永逸了呢？肯定不是。提炼产品内核只是我们的第一步，它更像一个基于我们的理解和直觉的假

设，真正的考验还在后面，因为**实践才是检验真理的唯一标准**。

我们可以带着这份关于产品内核的假设清单去找出版社的营销编辑老师，一起打造吸引人的营销文案和海报。然后，把这些融合了产品内核的宣传材料投放出去，看看市场的反应——用户是否会被这些内容打动。通过这样的实际操作，我们才能知道最初的假设对不对。

如果发现我们的假设不对，那也没关系，这只是一个循环的一部分。我们可以回到起点，重新审视并提出新的假设，再进行一轮测试。这个过程可能需要重复几次，直到找到那个真正触动用户的点。这样做看似麻烦，却是确保产品尽可能成功的关键步骤。

04 最后的话

在打造你的产品或服务时，科学地践行3个步骤是关键。

第1步，明确目标受众：了解你的目标受众是谁，他们的需求是什么，在什么场景下他们会有痛点，以及他们需要什么样的解决方案。

第2步，提出假设，寻找产品内核：通过分析，确定哪些特性或优势构成了产品或服务的核心价值。

第3步，验证假设，用产品或服务的内核去做营销：将提炼出的内核转化为具体的营销策略，并通过市场来检验其有效性。

掌握了这套底层规律，就像拿到了一把打开成功大门的钥匙。它能让你更加了解用户，帮你打造既叫好又叫座的产品或服务。

5.4 如何实现副业的被动营销

我在之前的内容里说过：副业也是一种商业形态。而所有的商业都离不开创造价值和传递价值。

关于创造价值，你已经在上一节形成了一个初步的框架。接下来，你只需要不断地去完善它、迭代它。至于传递价值，主要有两种途径：主动销售或被动营销。对于我们 i 人来说，很显然，被动营销才是更适合我们的路径。

而被动营销也有一个公式：

成交 = 信任 × 需求 × 接触

所以，"赢得信任、需求匹配和建立接触"，这是你需要去攻克的三大难题，怎么攻克呢？你可以通过"个人故事式""产品介绍式""流量获取式"这 3 个招式来逐一实现。

01 第一式：个人故事式

心理学中有一个被称为"同体效应"，也叫"自己人效应"的现象。它说的是，人际交往中，人们往往喜欢和自己相似的人。比如，在职场上，我们经常会发现一个领导特别偏爱某个下属，只因他们毕业于同一所大学，或者来自同一座城市。

那这和个人故事有什么关系呢？如果你能为自己准备一篇个人故事，你的用户很可能会在你的个人故事中找到一些和他相似的经历。比如你在职场上感觉自己总是无法受到应有的重视，受到过不公平的对待；又或者你曾经经历过某个至暗时刻，陷入过巨大的焦虑；等等。以上这些，都可能引起用户的共鸣。所以，你可以把这些经历写出来，用故事去打动你的用户，从而拉近你们之间的心理距离。

除了回顾过去，另一种值得写进个人故事的内容是你对于人生目标的展望。比如你已经知道了我许过一个愿望，也给自己制订了严谨的计划——要写50本书，目前这本是第18本。按照这个速度，不出10年，我应该可以完成这个目标。另外，我还有一个"妄念"，那就是出版一本全球发行量超过4500万册的书。假设你是一位出版社的编辑老师，那你可能愿意和我一起去实现这个目标。

所以你看，你可以通过**经历和人生目标**这两类内容，构建一个个人故事。当你的用户在你的个人故事中找到了和他类似的地方，无论是相似的痛苦，还是类似的目标，都会让他们感觉与你更亲近。

本书的前言部分讲述的就是我的个人故事，如果你也想写一篇自己的个人故事，可以参考仿写。

02　第二式：产品介绍式

你的用户信任你，但无法识别你的产品或服务是否与他的需求匹配则是第二个你需要解决的难题。所以，你还需要知道介绍产品或服务的内容到底该怎么写。接下来，我就来做一个示范，你可以把这个框架套用到你自己的产品或服务上。

有很多人问我：本书讲些什么？今天我就来和你聊一聊。

本书主要解决 4 个关键问题。

第一，提认知。 市面上很多副业看似诱人，实际上却是个大"坑"，你投入的时间和精力根本得不到相应的回报。而在本书里，我会手把手教你如何用科学的方法筛选出真正有价值的副业，避免掉进那些常见的陷阱。

第二，给信心。 谁说 i 人做副业就不如 e 人，本书列举的榜样们就是最好的证明。

第三，教方法。 本书不仅包含坚实的理论基础，还介绍了我亲身体验过并且有效的启动副业、保持动力以及实现商业变现的具体方法。这些都是我在实践中总结出来的宝贵经验。

第四，给路径。 光有方法论是不够的，如果不知道如何一步步行动，做起副业来还是会感到困难重重。因此，本书还提供了详细的步骤指导，确保你能按照清晰的路径前进，从第一步到最后一步都不会迷茫。

当你提升了认知，拥有了信心，习得了方法，明确了路径，那么你的副业成功的概率自然会比自己摸索或者只读方法论类的副业书籍的成功概率高许多。

本书的读者主要有 4 类人。

第一，对职场失望的 i 人。 他们可能早已厌倦了作为职场员工的状态，想要悄悄发展一门副业，甚至在未来把副业变成主业。

第二，收入不高的 i 人。 他们希望逐渐开拓出一条职业外的增加收入的渠道，以补贴家用。

第三，面临中年危机的 i 人。他们面临着降薪、被裁员的风险，如能发展起副业，可开启人生第二曲线。

第四，全职妈妈群体中的 i 人。她们的碎片化时间相对较多，她们希望通过副业变现，让自己更独立。

对于本书，你可能会说：讲副业的书那么多，读者为什么要选这本呢？主要有 3 个原因。

第一，我自己就是一边做主业，一边做副业，一点一点做起来的。我的副业可以说是硕果累累，不仅收入高于主业数倍，而且我出版了多本畅销书，开了写作课，搭建起了自己的产品体系。

第二，我踩过很多"坑"，知道怎么做副业更科学，如何拓展副业更有效。

第三，我特别擅长文字表达，副业做得比我好的，可能没我那么能写；比我更能写的，副业未必做得比我好。

而且，我写的书的口碑都还不错。全网有 1500 万粉丝的白瑞老师说："复杂心理学在他笔下变得有趣……何老师的书我全部读过。"20 万读书变现学员的导师、《如何有效阅读一本书：零基础从阅读到输出》的作者笭小钱老师评价我："他是我唯一看到的把心理学写得这么有趣的作者。"

当然，产品介绍内容不一定要写得那么结构化，可以写得轻松一点，口语化一些。你就想象你平时在生活中是怎么说话的，一句一句把它们按照你的语言习惯写下来就可以了。没有知名人士的推荐也没关系，你可以找几个使用过产品的老客户，让他们分享一些真实的使用感受，这同样可以取得不错的效果。

03 第三式：获取流量式

个人故事式解决的是"信任"问题，产品介绍式解决的是"需求匹配"问题，而获取流量式则是要让更多的用户接触你，让其中的一些用户和你有更多接触。

这其实是心理学中的"纯粹接触效应"，即人们倾向于喜欢那些他们更常接触到的事物。换言之，提高接触的频率，可以提高人们对某个事物的好感度。

具体操作起来有两个要点。

第一，保持更新频率。 做任何事情都要有节奏。无论是做知识星球球主、有声主播，还是做读书博主，如果可以，请尽可能保持日更；如果条件实在不允许，每周要更新 1~3 次，而且每次都在同一时刻发布，比如每周六 20 点发布。在固定的时间发布内容不仅可以让用户产生确定性的预期，还可以放大你与用户的接触效果，以及你自己的更新动力。

第二，借势。 你可以用你的内容中和近期热点相关的部分来借势。但需要特别注意的是，千万别为了热点去写内容，而是在你的内容与热点相关时才去借势，千万不要本末倒置。持续追热点可能会让数据看起来不错，但沉淀不了太多有价值的内容。

04 最后的话

当你完成了个人故事和产品介绍的创作后，那些专门用来吸引流量的内容就可以开始发挥作用了。

其实，在各类社交平台，你都可以把你的个人故事及最精彩的产品介绍置顶。这样一来，每当有人访问你的页面时，他们一眼就能看到这些重要的内容。接着，你可以通过持续更新有趣、有价值的内容来吸引流量，不断引导新老朋友去关注和点击你的置顶帖。

完成这一系列操作，你就相当于建立起了一个被动营销的体系——即使你不主动推销，也会有越来越多的人被吸引过来，自然而然地接触到你的故事和产品。

5.5 日拱一卒，偶尔猛进

　　知名商业顾问刘润老师曾经和某个客户梳理商业模式，他们越聊越清晰，越聊越兴奋，越聊越有信心。快结束时，刘润老师说："好的，那接下来就交给运气吧。"

　　结果客户一愣。为什么要交给运气？还有我们没考虑到的因素吗？刘润老师说："我知道了，你也是一个'确定论'的受害者，不能忍受'不确定的未来'，更不能接受把'成功'交给运气。"

01　放弃确定论，拥抱概率论

　　什么是"确定论"？它是一种思维模式，认为所有事件，包括道德选择、商业决策和个人成就等，都是由先前的事件以一种不可避免的方式决定的。

　　确定论者相信，只要他们掌握了足够的信息，并且理解了所有的因果关系，就可以预测和控制未来的结果。于是，在商业环境中，确定论者倾向于寻找那些看起来可以保证成功的路径或策略，他们希望每一步都能有明确的答案和预期的结果。

　　然而，在现实世界中，尤其是在复杂的商业和社会环境中，很多事情并不是完全可预测或可控的。市场变化、消费者行为、竞争对手的动作等，都充满了不确定性。这就引出了与确定论相对的"概率论"。

概率论，即承认世界的不确定性和随机性，认为我们不能绝对地预测未来的每一个细节，但可以通过分析数据、识别趋势以及评估风险来提高成功的概率。概率论鼓励我们接受一定程度的不确定性，并在此基础上做出明智的选择。比如，虽然我无法确切地知道我的某本书是否会大卖，但我可以联合编辑老师，通过市场调研，用户测试，设计和优化书名、封面、大纲等方式来提升它成为"爆款"的可能性。

刘润老师提到的"交给运气"，并不是说放弃努力或者不再做任何规划，而是指在已经尽了最大努力的基础上，承认仍然存在超出我们控制范围的因素。这实际上是在倡导以一种更健康、更现实的态度面对商业挑战：既做好自己能做的部分，又准备好应对不可预见的变化和结果。

因此，"放弃确定论，拥抱概率论"是指从追求绝对的成功保障转向接受并管理不确定性，通过科学的方法提升成功的概率，而不是执着于一个不存在的完美计划。

我们虽然不能直接左右运气，但我们可以管理"运气的运气"。具体要怎么做呢？接下来，让我们分3步走。

02 第1步，找对赛道

"选择大于努力"这句话，我估计你已经听过无数遍了。但你真的"有知有行"吗？最简单的一个问题，你在选择副业赛道的时候，你的依据是什么？

在我看来，以下 4 个要素，你都需要重点考虑。

要素 1，该赛道有没有真正的门槛？

没有门槛的事情，千万不要去做。为什么？因为如果一个副业赛道是没有门槛的，这意味着你会有非常多的竞争对手。我们现在已经知道了"商业的本质是稀缺"，如果一个赛道没有任何门槛，那么请问，和如此多的竞争对手相比，你的优势何在？

要素 2，该赛道未来的变化大不大？

赛道未来的变化过大会导致你在某方面的能力无法积累，从而迫使你每隔一段时间就得从头再来。

要素 3，该赛道是否能实现"同一份时间出售多次"？

这一点我们已经在前面提到过了，如果你选择的赛道仍旧是"一份时间出售一次"的模式，那么你依然只是在为他人打工。

要素 4，在该赛道上积累的能力和资源是否可迁移？

有些副业在短期内是"一份时间出售一次"的模式，但如果你的起点较低，这样的副业其实也是一个很好的机会。比如，成为一名读书博主就是一个很好的例子。

虽然你一开始可能无法通过发布的内容直接获得持续的长尾收入，但随着你在这个领域逐渐深入，你会发现它带来的长远价值远超预期。当你成长为一名高阶读书博主时，你会结识许多作家、出版社编辑等，建立起宝贵的行业人际关系。

想象一下这个场景：当一位知名作家推出新书时，你能助力他在一周内卖出 1000 册。这时，你在行业中的话语权就会大大增加。凭借这种影响力，你不仅能够与更多优秀作家合作，还可能成为某些作家项目营销的合伙人，甚至是幕后的操盘手。

03　第 2 步，日拱一卒，每日寸进

确定赛道后，你要开始果断地持续投入你的时间和精力，每天都要有所行动。

让我们来做一个不太恰当的类比。游戏机房的抓娃娃机每抓一次，需要投入 3 枚游戏币。如果你只有 3 枚游戏币，只玩一次，你很难抓到娃娃。可是，如果你有 100 枚游戏币，甚至 300 枚游戏币呢？是的，你抓到娃娃的概率将大大提高。

我打定主意要走写作这条路，是因为读了李笑来老师的《把时间当作朋友》。在这本书里，李笑来老师讲了自己的案例。

他花了 9 个月的时间编写了一本叫作《TOEFL 核心词汇 21 天突破》的书，当时的定价是 29 元，自 2003 年上市到《把时间当作朋友》再版第 3 次的时候，这本书每年至少销售 4 万册，最多的一年销售了 7.5 万册，而他的版税率是 12%。所以，这些年，这本书为他带来了超过 100 万元的被动收入。

我被他的案例激励了，所以我开始不断地在写作这个抓娃娃机里投入游戏币。

到目前为止，我已经出版的 12 本书虽然并非本本畅销，但它们的总计销量也已达到了 50 万册，带给我的被动收入也早就超过 100 万元了。我相信它们以后也能每年都为我带来被动收入。

与此同时，当我们回顾小 Q 的 YS 运营知识星球和小 Z 的有声演播项目，我们会发现，他们能够达到年入 100 万元的成就，也

非一蹴而就的。这是他们在日积月累、一步一个脚印地努力多年之后，才站上的一个稳固的新台阶。

04　第 3 步，提升胜率，偶尔猛进

是的，偶尔猛进之日，就是你运气袭来（达到一定概率）之时。因为事物积累到一定程度，达到一定概率时就更容易产生"爆款"。不过呢，你其实还可以做更多，以进一步提高"爆率"。你可以从每一个可能影响结果的因素入手，尽你所能去优化它们，从而提升"爆率"。比如，做读书博主，要关注你的前 3 秒展现是否能瞬间吸引用户的注意力；又如，做"有声者"，要关注你的声音是否有让人持续收听下去的欲望；还有，做知识星球球主，要关注你的内容是否每次都契合用户最需要解决的问题，并且给出了有效的解决方案。

如果你想变得更优秀、通过副业闷声赚钱，你必须不断探索、迭代，这些行动都能帮你提升胜率，从而让你更可能实现"偶尔猛进"！

05　最后的话

尽人事，听天命。

谋事在人，成事在天。

你只有对过程苛刻，才能对结果释怀。

选择正确的事情，重复做；

重复的事情，日拱一卒地做；

日拱一卒的事情，用提升概率的办法来做。

这样做，即使老天不帮你，概率也会帮你！

第六章
路径篇

6.1 写作之路，如何迈出第一步

现在，你已经在思想上做好了准备，心里也有了迈出第一步的渴望。不过，万事开头难，真正要迈出这关键的第一步时，你可能会感到不知所措。别担心，在这一节里，我将从我最擅长的写作之路说起，与你一起探索如何开启这段旅程。

01 写作的心法

你知道写作最大的敌人是什么吗？

写作最大的敌人不是坏的初稿，而是未开始的初稿。

确实，很多人坐在计算机前，迟迟不敢动笔，写不出初稿。这往往是因为他们的内心有个声音在反复萦绕："要么不写，要写就要写出最好的。"这句话听起来像是在严格要求自己，但成了很多人的绊脚石。它每年不知阻碍了多少有潜力的作家诞生。

说到底，这是完美主义在作祟，在写作中，如果你无法扔掉完美主义的包袱，你就会因为担心作品不够完美而迟迟不敢动笔。

《老人与海》的作者海明威曾经说："一切文章的初稿都是垃圾。"初稿写得不好，这是很正常的，因为绝大多数的好作品都是一遍一遍修改出来的。

《挪威的森林》的作者村上春树也说过类似的话："写初稿的时候，就算有些毛手毛脚，也只管大踏步向前奔去，脑袋仅此一念。趁势搭上时间浪头，勇往直前。大凡眼前出现的都不放过，一个个擒来笔下。当然，光是这样，故事难免自相矛盾，但不把它放在心上，写完调整就好了。"

所以，如果你也选择写作这项副业，一定要记住6个字：**先完成，再完美**。

02 素材从哪儿来

一旦开始，你很快就会遇到第二个挑战：素材从哪儿来？毕竟，写作需要有东西可写。根据我的经验，你可以从以下3个渠道找到所需的灵感和素材。

渠道1，你读过的书。

当你在读一本书的时候，总有一些地方会触动你，给你启发。比如之前就有读者来加我微信，她和我说，我书里的一句话特别触动她，她要根据这句话来写一篇公众号文章。

这句话是："**没什么，很正常。**"

因为每当她在现实生活中感觉马上要控制不住自己的情绪时，只要在心里默念"没什么，很正常"，她的情绪水平瞬间就会降低50%。所以，她想将这6个字结合自己的真实经历写成文章，分享给更多人。

你看，对于任何一本书里能真实帮助到你的内容，你都可以结合自己的实践经验写一段文字。这些文字汇聚起来，可不就是一篇像模像样的文章吗？

渠道2，你刷到的短视频。

别人刷短视频可能是为了打发时间，而你可以把这变成积累素材、激发灵感的机会。特别是那些点赞量超过一万的知识类口播短视频，它们的内容通常能让人醍醐灌顶，收获满满。此时，你不妨结合博主的选题，到网上去搜索一番，并结合自己的经历，写一篇文章，这无疑是一次极好的写作练习机会。比如，有一天你可能偶然刷到一个讲解"复利效应"的视频，你觉得这个话题特别好。这时，不妨随手拿出纸笔（或者直接在手机上）记下来，然后去百度上搜搜其他人是如何理解复利效应的。阅读其他人的内容会启发你，让你回忆起自己的生活或者工作中存在的具有复利效应的案例或者相关内容。你可以把这些灵感记录下来（至少记录3点），这样一来，你就为你的文章搭建起了初步的框架。

接下来，为你的文章框架添加细节，就像给骨架添上血肉一样，让内容更加充实和生动。这么一来，一篇以你的视角重新诠释的关于复利效应的文章初稿就出炉了。

这种方法能帮助你积累素材，提升写作能力，何乐而不为呢？

渠道3，你听到的音频。

我在制造行业工作的时候，每天的日程排得满满当当的，几乎没有时间静下心来看书。那时候还没有短视频，所以我要怎么获取写作素材呢？答案就是——听！我充分利用上下班的时间，在地铁上或走路时听有声读物。这样，即使在忙碌的日常中，我也能持续吸收新知识。

每当听到一些觉得有价值、可以作为本周写作灵感的内容时，我就会停下来，在微信里记录下相关信息，等有空的时候再把这些信息整理成文稿。

所以，如果你也像我刚开始写作时那样，没时间阅读，不妨试试用听的方式来收集素材。这既不耽误你的日常活动，又能让你随时随地学习新东西，一举两得！

03 没时间怎么办

你可能会碰到的下一个难题是：**抽不出时间来写作**。这该怎么解决呢？

我想跟你聊聊我的看法：**说做某件事没有时间，其实是这件事在你心中的重要程度不够。**当你觉得某件事特别重要时，你自然会把它安排在优先位置。所以，如果你真心认为写作对你来说是至关重要的，那你一定能挤出时间。

就拿我来说吧，我白天工作已经够累的了，晚上回到家，觉得身体都要散架了。所以我选择每天早上 5 点起床，在精神最充沛的时候写作，每天至少完成 500 字再去上班。有时候灵感来了，一口气能写 2000 字。你想想，一年 365 天，我只要"全年无休"地每天写 500~1000 字，那么一年下来，就能积累大约 18 万 ~36 万字。

一般一本书的字数为 8 万 ~10 万，这就是我当初有全职工作，每年还能出版 2~3 本书的原因。所以，关键是要找到适合自己的节奏。

04　如何坚持写

偶尔写一两篇文章没问题，但要像我一样，一年365天不间断地写，你可能会觉得难以坚持，担心自己做不到。其实，我只是把写作变成了日常生活的一部分，就像每天晚上睡觉前刷牙一样自然，写作成了我的习惯。

所以，为了让你也能掌握坚持写作的秘诀，在本书里我专门用了一章，详细讲解如何用行为心理学来设计自己的习惯。只要按照本书中的策略去践行，不出3个月，你有很大概率能像我一样，把写作变成一个自然而然的习惯。

所以，只要你愿意迈出第一步，按照这些策略做，很快你会发现写作不再是负担，而是生活的一部分。试试看吧，给自己一个机会，养成这个既能提升自我又能给未来带来被动收入的好习惯吧。

05　最后的话

迈出写作第一步的关键在于摒弃完美主义，勇敢地开始，做到"先完成，再完美"。

素材可以从书籍、短视频和音频中获取，重要的是善于捕捉和转化素材带来的灵感。

在时间管理方面，关键是要重视写作，找到适合自己的时间段，哪怕每天只写几百字，也能逐渐积累成大作。

坚持写作依赖于形成习惯，可以通过行为心理学设计日常活动，使写作如同刷牙般自然。

最后，我想说："每一次提笔，都是与自己的一次对话；每一行文字，都是通往更广阔世界的一扇门。"真希望，你也能勇敢开启这段充满无限可能的写作之旅。

6.2 读书博主之路，如何有效阅读和传播一本书

这一节我们来说说读书博主。

如果你觉得自己"一没实力，二没毅力，三没人际关系，只有潜力"，那么，你可以从做读书博主开始。

01 读书博主

严格来讲，我也是从做读书博主发展到今天的。

只不过那时候我们都称呼自己为"书评人"。

书评人是干什么的呢？简单来讲，就是读完一本书，然后把自己的收获结构化地写成一篇文章，并发布在公众号或豆瓣上。

从 2016 年到 2017 年，我用"三米河"这个账号在豆瓣上陆陆续续写了 42 篇书评。有的书评只收获了寥寥几个赞，还有几篇甚至无人问津，连一个赞都没有得到。不过，这又何妨呢？

转机出现在我写的第 34 篇书评上，那是一篇关于尼尔·埃亚尔和瑞安·胡佛的《上瘾》的读后感。令我意想不到的是，这篇书评竟然引起了刘润老师的注意。对，就是那位全国知名的商业顾问，刘润老师。

2018 年的某一天，我突然收到一条陌生人的微信好友申请，

对方自称是刘润老师的同事。**她告诉我，刘润老师在豆瓣上看到了我关于《上瘾》的读后感，觉得写得非常出色，想通过邀请我成为志愿者的方式来认识我。这真是意外之喜！**

我当时的心情，那叫一个激动。因为我也是刘润老师《5分钟商学院》的一名铁杆粉丝，没想到，自己崇拜的人居然想认识我。在这位同事的邀约下，我正式成了"刘润·把思想雕琢成文章"群的一员。

所以你看，做读书博主的门槛虽然很低，但如果你能持续写，随着机遇的降临，优质的作品容易被贵人发现。**这个时候，你就和贵人建立了联系，这也意味着，你有机会更进一步。**

既然做读书博主这条路是值得走的，那要怎么开始呢？

02 做读书博主，怎么开始

做读书博主，当然得从读书开始。

首先，你必须是一个喜欢读书的人。 不过我相信，这一点对你来说并不难，你看，你已经读到本书的最后一章了，有时候，一本书的厚度就能够筛选出"对的人"。

接下来，你可以从本书入手，回顾一下书中有哪些内容特别打动你或给了你启发，然后把这些内容罗列出来，只要选出3个关键点，你就足以写出一篇有结构、有深度的文章。甚至我已经帮你想到了一个吸引人的标题"恭喜你！30岁前就读到了这本i人赚钱必读指南"。

这样做不仅能够分享你对本书的独特见解，还能帮助其他读者发现本书的价值。选择对你影响最大的部分来写，比如改变了你的思维方式的策略，或者让你产生了共鸣的故事。通过自己的理解、感悟和经历来丰富这些要素，可以让文章更加个性化和生动。

这样一来，一篇文章的框架就清晰地呈现在眼前了。比如，开头可以简要介绍本书为什么值得读；中间分别阐述你选中的 3 个要点；最后，总结它们如何共同构成了本书的魅力。相信这样的文章一定能引起读者的兴趣，还能为他们提供实质性的帮助。

现在早就不是图文内容的黄金时代了，为什么还是要写图文内容呢？有 3 个原因。

第 1 个原因是有助于有效学习。撰写图文内容是最好的内化知识的方式，在这个过程中，你实际上是在践行费曼学习法，这可以帮助你有效地阅读一本书。

第 2 个原因是图文内容有长尾效应。图文内容不像短视频那样，可能只能火很短的一段时间。尤其当你把图文内容发在豆瓣书评频道里，如果你写的内容能打动别人，那么你很有可能会受到"大咖"的垂青。

第 3 个原因是为你的提升做好准备。"写"这项技能，要想练好，需要大量的刻意练习，甚至有人说，最初写出来的 10 万字都是"垃圾"。的确，想想我们小时候学写字时，前 1000 字不也是歪歪扭扭的吗？

更何况，现在在公众号上发布图文内容都可以变现，你在图文内容的中间和结尾的部分附上本书的链接，只要有人从你这里购买，你就可以获得佣金。千万别小看这几元的佣金，它能让你的大脑分泌内啡肽，因为这是你辛苦耕耘的结果，也是一种极好的正反馈。

03　进军短视频平台

除了传统图文内容，你还可以把你写的内容，通过结构重组，变成适合发布在短视频平台上的内容。为什么要这样做呢？我的答案是：**与时俱进**。

每个时代都有自己的红利。多年前的红利是图文内容，目前是短视频，未来可能又是其他媒介。若你能紧跟时代，把内容发布在新兴平台上，你就容易成为时代的先行者，从而吃到时代的红利。

红利的本质其实很简单，就是供应和需求之间出现的一时的不对等。特别是在新媒介刚兴起的时候，你会发现突然间有海量的流量涌入，但真正有价值的内容很少。这时候，如果你抓住机会，把有价值的内容以新颖的形式呈现出来，那你立马就变成了稀缺的资源。因为稀缺，所以你自然而然就有了不小的商业价值。

具体怎么做呢？最容易的能获得正反馈的方式是：**模仿"爆款"**。

模仿"爆款"，模仿的不是内容，而是形式。近现代画家、书法篆刻家齐白石先生曾经说过一句话："**学我者生，似我者死。**"这句话的意思是，学习他人的方法并加以创新可以带来生机，但一味模仿，最终只会走向僵化和死亡。

作为读书博主，你应该从成功的"爆款"案例中汲取灵感，理解它们为何受欢迎，它们究竟做对了什么？然后结合自己的特色进行创作。比如,观察"爆款"内容的结构、节奏、互动方式等,再把这些元素巧妙地融入自己的作品中。这样做不仅能增加你的作品被观众接受的可能性,还能帮助你在保持个性的同时,更好地满足市场的需求。

04　跨界融合,是个好策略

我们之前讲的小 H(美观布景博主 + 读书博主),就是跨界融合的典型案例。

因为如果你想成为读书博主中的前 1%,难度非常大。但如果你想成为前 10%,努努力还是可能做到的。与此同时,如果你能在另外 1~2 个能融合的领域中成为前 10%,10% × 10%,可不就等于 1% 吗?那如果 3 个 10% 相乘呢?那可就是 0.1%!

除了美观布景这条路之外,你完全可以将自己擅长的内容,如摄影、绘画、音乐等,与读书博主的身份相结合,创造出独一无二的内容。这样的跨界融合不仅能让你脱颖而出,还能让你吸引更多不同背景的粉丝,进一步扩大你的影响力。

05　最后的话

做读书博主,即使缺乏实力、毅力和人际关系,以阅读与分享书评为起点,也能逐步扩大影响力。关键在于以下几点。

热爱阅读,提炼有价值的要点。

以结构化的图文形式进行分享,促进知识内化并产生长尾

效应。

顺应潮流，将内容转化为合适的形式，模仿"爆款"但注重创新。

尝试跨界融合，结合个人特长创造独特价值。

希望以上内容能助你翻开新的篇章，让你在读书博主的路上越走越远。

6.3 有声演播之路，别浪费你的好嗓音

如果你有一副好嗓音，请认真读这一节，因为这叫作"老天爷赏饭吃"。不过，再好的天赋，也可能被埋没。所以，你如果想走有声演播这条路，需要尽快开始。

具体怎么开始呢？

01 验证你的价值

嗓音好不好，有时候不是自己说了算的，而是由别人说了算。既然好嗓音是一种稀缺资源，存在价值，我们有必要通过一定的验证手段来确认其价值。否则，即便投入了时间和精力，却未必会有产出。

具体验证时通常有两个方法：第一个是"定性验证"，第二个是"定量验证"。

如何进行定性验证呢？

最直接的办法就是找专业人士聊聊。 如果你认识播音主持专业的老师或者有经验的配音员，不妨向他们讨教一下。不过，这里有个小贴士，即要注意"立场"问题。

有时候，如果这些人正在招收学员，他们可能会倾向于鼓励你，哪怕你的天赋其实一般，他们也可能会说你很有潜力，适合

走这条路。所以，如果专业人士夸你嗓音不错，先别太高兴，问问他们最近是不是在招生。要是你发现他们在推销课程或服务，那对他们的话就得更深入地思考，因为他们给你建议时可能带有一点商业目的。

另一个验证的好方法是找机会让身边的人给你反馈。但这里也有个小技巧：别直接地问身边的人"嘿，你觉得我的嗓音怎么样？"这种问题会让对方不好回答，也显得你有点唐突。

你可以随便读一段文字并录下来，在吃饭或休息时自然地放出来，看看对方的反应。如果对方自发地说"这段读得真不错"，或者表现出还想继续听的兴趣，甚至好奇地问"这是谁在读啊？"，那说明你的嗓音确实有吸引力，能吸引听众的注意。

这种方法不仅自然，还能让你更真实地了解别人对你嗓音的感受。要是许多人的反应都很积极，那说明你在有声演播方面很有潜力！

什么是定量验证呢？简单来说，就是用具体分数来衡量你的嗓音到底好不好。

当你和专业人士或身边的人聊起这个话题时，你可以这么问："如果给这段录音打分，满分 10 分，最低分 1 分，你觉得能打几分呢？"这样一来，你就能得到一个具体的评分，清楚地知道自己的嗓音如何。

如果你问了好几个人，大部分人都给出了 8 分以上的高分，那恭喜你，这意味着你确实非常有潜力，你可以更有信心地踏上有声演播之路。

02 如何开始录制专辑

你可以在多个有声平台上注册账号，开启你的有声之旅，并且同步发布作品。不过在刚开始的时候，你会遇到一个关键问题：录制什么内容？

直接录制畅销书？千万别这么做。你以为现在没人注意你，万一哪天火了呢？那你的麻烦就大了——这涉及侵权，业内俗称"小黑书"，平台会下架你的作品，总之得不偿失！

自己创作然后自己录制？如果你既能写又能录，那你确实牛！不过说实话，这种方式对大多数人来说并不容易坚持下去，因为回报与投入的时间和精力往往不成正比。

上述两种方式都不太行得通，那怎么办？你可以从以下两个方面入手。

第一，寻找不侵权的内容。找一些允许二次创作或已获得版权方授权的作品来录制。比如，一些版权已经过期的经典文学作品，或者是一些创作者明确表示可以自由使用的素材。例如，我的公众号里面的内容，只要别做商业用途，你就可以随便录，标注清楚出处即可。

第二，与公众号主合作。联系那些活跃且有一定粉丝基础的公众号主，看看是否有机会为他们录制音频内容。很多公众号主都希望为读者提供多样化的内容，而优质的音频内容正好能满足这一需求。你可以提出合作方案，比如为他们的文章配音，或者与他们共同策划一些特别节目。

03 如何慢慢发展

当你录制了一段时间后，你会对有声行业熟悉起来，也会在这个过程中结识不少同行。你可能会想，结识同行有什么好处呢？至少有 3 个好处。

好处 1：入圈打破信息壁垒。

当你正式成为圈子的一员时，最大的好处就是打破了信息壁垒。在有声行业中，很多宝贵的机会和资源并不会公开发布，而是通过内部渠道传递。加入有声圈子后，你能更快地了解最新的行业动态、技术趋势以及潜在的合作机会。这种信息优势能让你在竞争中始终占据有利位置。

好处 2：参与合作项目，提升知名度。

同行发现你的水平不错时，很可能会邀请你参与合作项目。这些合作项目通常是一些多人演播的大制作，比如有多个角色音的有声广播剧。参与合作项目不仅能显著提升你的专业技能水平，而且这些合作项目通常会有人专门进行宣传营销，因此可以大大提升你在行业内的知名度。每一次成功的合作都是一次展示自己的机会，很多合作机会都是基于你已有的代表作而获得的。代表作越多，口碑越好，就越有助于你积累更多的资源。

好处 3：建立个人品牌与特色。

随着经验的积累，你可以开始思考如何打造自己的个人品牌。找到自己独特的风格和定位，无论是擅长演播某一类型的内容（如科幻小说、历史故事），还是拥有某种声音特质（如温暖治愈、激情澎湃），都可以成为你与众不同的标志。一个独特的声音品牌形象能帮助你从众多创作者中脱颖而出，吸引特定的听众群体，并为未来的商业合作铺平道路。

除了自己一点点积累资源，还有一种更快入圈的方式，那就是付费参与一些大型机构组织的有声演播训练营。这类训练营里不仅有和你拥有相同兴趣的同学，有专业的前辈，更重要的是，如果你试音成功，出版社就会授权给你进行演播。

这样一来，你就能拥有自己的有声书代表作了！如果有付费会员收听你的专辑，你还能获得相应的播放收入。如果你的演绎足够出色，再加上一点好运气，一旦这部作品"破圈"，你的有声演播之路就能大放异彩。

04 AI 会不会取代"有声者"

当然，你可能会产生这样的疑虑：现在 AI 这么发达，"有声者"会不会被取代呢？其实，有一句话说得特别在理：**"人不会被 AI 取代，但一些人会被有效使用 AI 的人取代。"**

事实上，一些"有声者"巧妙地利用 AI 工具，产出了一些非常精彩的人机协作作品。这些作品不仅保留了人类声音的独特情感和表现力，还借助 AI 提高了制作效率和质量。

所以，与其担心被 AI 取代，不如考虑如何更好地将有声演播与 AI 结合起来。如果你能在这方面领先一步，说不定还能实现弯道超车呢！

05 最后的话

拥有好嗓音是天赋，也是基础，但是否能成功，还需验证与努力：

首先，通过向专业人士和身边的人获取定性及定量反馈来确认你的嗓音价值；

其次，开始录制时，要避免侵权风险，你可以选择授权内容或与公众号主合作；

再次，加入行业圈子能带来信息优势、合作机会，并有助于建立个人品牌；

最后，面对 AI 技术，不应恐惧，而应正确利用，以提升竞争力。

如果你有一副好嗓音，那么请善用你的好嗓音，结合时代工具，在喧嚣中脱颖而出，成为不同凡响的存在。

6.4 知识星球球主之路，从私域开始

我把知识星球球主留到最后讲，是因为在这些适合 i 人的副业选项里，这可能是难度最大的一个。不过，这也意味着一旦你在这个领域成功站稳脚跟，其高门槛自然会把不少竞争者挡在外面，让你拥有更大的发展空间。

那做知识星球球主要如何开始呢？可以分成 4 步走。

01 第 1 步，从私域开始，调研真需求

私域，指的是通过建立一个相对封闭和专属的空间，比如微信群，来聚集一群有共同兴趣或目标的人。在这个空间里，你可以更直接地与成员互动，了解他们的需求，并为他们提供定制化的内容和服务。

为什么要选择私域呢？因为这是让你和用户建立紧密联系的绝佳场所，也是你能第一时间获取真实反馈的地方。就像我们在第二章提到的，任何副业要想做得好，首先得清楚你的用户是不是真的有需求。比如，回顾一下小 Q 的 YS 运营知识星球。一开始，我也在她的社群中，我发现她通过和社群成员互动逐渐明确了运营人员在实际工作中特别需要掌握的是：怎么促进用户增长，提高付费转化率，实现口碑传播和用户的自发裂变，等等。这些都是真实的需

求。而市场上提供的只是一些碎片化的、不成体系的知识。

所以，如果你想创建自己的知识星球，你也得找到目标用户尚未被充分满足的需求。而为了搞清楚这些需求，从私域开始调研是个不错的方法。在私域环境中，你可以更直接地与目标用户互动，了解他们的痛点和期望。通过私域，你能更快地验证你的想法是否真的能解决目标用户的问题。这样一来，你就更能确保自己提供的产品和服务是有价值的，也更容易吸引到忠实的用户。

因此，私域就像一个实验室，让你能在相对小而精的圈子里测试和打磨你的想法，直到找到能真正打动用户的点。这不仅能帮助你明确方向，还能让你拥有一批早期的支持者，为你的知识星球的发展打下坚实的基础。

具体要怎么做呢？其实特别简单！

你可以根据自己擅长的领域，建一个专业交流群。例如，如果我在芯片行业有所建树，我就会在朋友圈发一条信息："半导体生产制造疑难杂症讨论群，欢迎感兴趣的伙伴加入！"并附上入群二维码。每天 12 点和 18 点各发一次，连续发 3 天。只要你的微信好友人数不少于 500 人，建一个 30 人的专业讨论群简直轻而易举。

接着，你只需要在群里抛出一些工作中存在真实的问题，看看大家的反应，你就可以慢慢摸清他们到底需要什么样的知识和帮助了。

02　第 2 步，根据真需求，拟内容清单

我把这个步骤称为"十万个怎么办？"。

有一套书叫《十万个为什么》，这套书特别受欢迎，我都看过不少于 10 遍。我刚加入芯片行业，对很多专业内容一头雾水的时候，就特别渴望有这么一套"行业红宝书"，能帮助我快速地从新手成长为专家。

但直到我 2017 年从芯片行业转入互联网行业时，相关领域尚未出现这样一本详尽的"行业红宝书"。然而，我坚信不仅芯片行业，任何专业领域都亟需一份类似"十万个怎么办"的知识地图，以系统地整理和传递关键知识与实践经验。

我们以"写作"为例。"写不出吸引人的标题，怎么办？""阅读量始终只有两位数，怎么办？""别人读我的文章，都说读不下去，怎么办？"这些问题就是从业者需要解决的需求。你如果在自己所在的行业深耕多年，也完全可以凭借自己的经验，以及你在私域中收集到的痛点问题，创建一个知识星球，接着凭借你的专业能力、搜索能力、向专家请教的能力构建你的内容清单。

请想象一下，如果你真的逐步构建起这个能解决行业痛点、难点的"十万个怎么办"知识星球，它会是多么有价值的一个知识星球，只要它能满足真需求，解决真问题，它就必定会有好口碑。

03 第 3 步，从免费开始，逐步涨价

最初那 30 人的微信群可以是免费的，但这个小圈子可是你孕育"前 100 个怎么办"的摇篮。在群里不断提出和解答那些真实工作中的问题，把这些"怎么办"及其答案都记录下来，这些宝贵的内容将成为你付费知识星球的初始养料。

积累了足够的内容和反馈后，你就可以创建一个价格较低的付费知识星球了。随着"各类怎么办及其答案"越来越多，你的知识星球的价值自然会水涨船高。别忘了做好分类和整理工作，以便让有迫切需求的用户能快速找到他们想要的信息。

随着时间的推移，你会发现口碑效应开始起作用，越来越多的人会因为朋友推荐或自己主动搜索而愿意付费加入，成为你的知识星球的忠实粉丝。相信我，只要你持续提供有价值的、能解决问题的内容，这个圈子就会越来越大，越来越活跃。

04　第4步，自建社交媒体账号和启动合作伙伴计划

如果你不满足于口碑带来的稳步增长，还可以通过自建社交媒体账号或启动合作伙伴计划这两条路径来加速付费会员的增长。

路径1：自建社交媒体账号。

你可以开设一个公众号，定期选择用户互动最多、反响最好的2~3个问题，将其答案写成推文发布。这样不仅能展示你的内容的价值，还能逐步引导行业人士转化为付费会员。通过持续输出高质量内容，你的公众号会逐渐积累起一批忠实粉丝。

路径2：启动合作伙伴计划。

如果你想走得更快，可以考虑启动合作伙伴计划，即把那些吸引人的问题及其答案写成推广软文，让其他有影响力的博主或平台帮忙推广。每当有新用户通过合作伙伴的渠道付费加入时，给予合作伙伴合理的佣金作为回报。这不仅能扩大你的影响力，还能借助他人的资源快速增加付费会员数量。

当然，无论是自己动手还是找伙伴合作，关键是要保持内容的质量和独特性，确保每一位付费成员都能从中获得真正的价值。这样做，不仅能加速付费成员数量的增长，还能建立起一个健康且可持续发展的社区。

05　最后的话

成为知识星球球主虽然可能是 i 人开展副业中最具挑战性的选择之一，但高门槛也意味着更少的竞争和更大的潜在回报。

做知识星球球主的关键步骤如下。

第 1 步，从私域开始，通过直接互动了解成员的真实需求和痛点。

第 2 步，根据收集到的需求和痛点构建内容清单。

第 3 步，从免费社群起步，逐步将其发展为付费知识星球，并随内容价值的提升调整价格。

第 4 步，利用社交媒体和个人影响力，或者通过合作伙伴计划来扩大用户基础。

你也可以逐渐把自己的专业变成一个对行业人士有价值的副业项目。

最后，我想说："行百里者半九十。"无论前路多么曲折，坚持与深度耕耘才是通往成功的关键。只有持续提供真正有价值的内容，解决用户的实际问题，你的知识星球才能绽放出耀眼的光芒，吸引志同道合的人汇聚一堂，共同成长进步。

6.5 你需要知道的副业避"坑"指南

还记得查理·芒格说的那句话吗？**"如果我知道会死在哪里，我就永远不去那个地方。"**

在这一节，我想和你聊聊 5 个你最好永远也别踩的"坑"。

01 第 1 个"坑"：追逐风口，频繁切换赛道

几年前有句话特别火："站在风口上，猪都能飞。"这话说得很形象，是不是？每当有个新趋势来袭，周围好像一下子多了好多"成功故事"。看到这些，很多人想跟着分一杯羹。

可是，"股神"巴菲特早就提醒过我们：**"潮水退去，才知道谁在裸泳。"**今天看起来热火朝天的风口，明天说不定就"凉"透了。**所谓的风口、红利，说到底就是"一时的供需不平衡"。**一旦大家都挤进去，当供过于求时，这个风口很快就会"卷"成一片红海，竞争激烈得让人难以喘息。到时候，那些没准备好的人就会摔得鼻青脸肿。

而且，总是切换赛道还容易分散你的资源。时间、精力、资源，每一样都很宝贵。如果你这儿试试、那儿看看，把有限的资源投入多件事，哪儿还有力气真正做好一件事？相反，那些锚定了某一类需求，专注于一个领域，脚踏实地做下去的人，往往能

形成真正的优势，获得更稳定、持久的回报。

所以，面对风口时，请多留个心眼儿，**别光看表面热闹，更要考虑清楚自己到底想要什么，适合做什么。稳扎稳打，才能走得更远。**

02 第2个"坑"：幻想"暴富"，导致被"割韭菜"

我们身边总有那么几个人——他们用印有"一夜暴富"字样的手机壳，甚至把这4个字设为计算机桌面背景。这种对快速致富的强烈渴望，虽然听起来充满激情和动力，但可能将他们引向一条布满陷阱的道路。

幻想"暴富"的心理很容易让人忽视积累财富通常需要大量的时间、努力和智慧。更糟糕的是，这种心理会让很多人成为某些不良培训机构的理想目标。这些机构往往打着"快速赚钱""轻松致富"的幌子，吸引那些急于求成的人购买他们的课程，并承诺教会他们如何在短时间内变现。然而，现实往往是，这些所谓的"培训"不仅没有带来预期的回报，反而让这些人付出了高昂的学费和宝贵的时间，最终沦为被"割的韭菜"。

因此，在付费报名前，你得去看看这些机构的商业模式，如果他们的营业收入主要来自培训，他们在相关领域没有获得成就，那你就要小心了。

请务必保持清醒的头脑，不要被"快速致富"的幻象迷惑。成功从来不是一蹴而就的，因为**"任何通过一时努力可以获得的成就必然会陷落于内卷的结局，而只有通过5年以上积累可以取得的结果，才能抵御内卷风险"**。

03　第3个"坑"：主次不分，捡副业丢主业

在副业路上，不少人容易陷入一个误区——过分关注副业而忽视主业，而且是在副业收入尚未稳定或远未超过主业收入的情况下。**请牢记"3倍法则"，即如果你的副业收入还未超过主业收入的3倍，请务必先做好主业，因为主业是你当下安身立命的基础。**

以我的经历为例，当我还是一名职场员工时，我深知需要在主业与副业之间找到平衡。我把自己的时间与精力分成两大部分：80%的时间和精力投入主业，20%分配给副业。这样的安排不仅让我能够维持在主业上的高效表现，也为副业留出了足够的成长空间。

《孙子兵法》有云："凡战者，以正合，以奇胜。"这种"守正出奇"的思想也是副业成功的关键，**只有把握好了基础，才能心态更稳定地在副业上日拱一卒，偶尔猛进。**

04　第4个"坑"：急于变现，无法度过"黑洞期"

副业可不是什么神奇的摇钱树，你得做好准备度过一段漫长的投入期，才能在某个时刻迎来收获。在这之前，可能会有一段你觉得仿佛是"黑洞"一样的时期，它充满了不确定性和挑战。

我曾在我的另一本书《薛定谔的猫：一切都是思考层次的问题》里分享过一个真实的故事。

我在喜马拉雅工作期间认识了一位声音导演，她在有声领域的前5年几乎没什么收入，大部分时间都在家里自建的录音棚里摸

索，偶尔才能接到一些商单。家人和朋友都不理解，觉得她的投入不值得，甚至有点儿怀疑她是不是在做无用功。但她最终成功地度过了那段"黑洞期"。

有一天，她执导的一部有声广播剧突然火了，这不仅让她赚到了远超之前所有付出的经济回报，还迅速提升了她在行业中的地位，各种合作机会纷纷找上门来。现在，她不仅有多部知名作品傍身，线下授课的出场费也能达到每天 5 位数的水平。

所以，**唯有在无人喝彩时依然坚定前行的人，才能在聚光灯亮起的那一刻，绽放出最耀眼的光芒。**

05 第 5 个"坑"：迷恋对标，迷失自我优势

还有一个容易掉进的"坑"是盲目寻找对标对象。一些人看到别人光芒万丈，取得显著成功，于是也想走类似的路径，甚至放弃了自己的独特优势去模仿他人。比如，很多 i 人会羡慕那些能够在直播间里渲染气氛的 e 人，看着他们在直播间里掀起一波又一波的情绪高潮，评论数、销量持续上涨，自己也蠢蠢欲动，觉得自己也应该尝试这样的方式。

这么做的结果往往并不如预期。当你试图完全复制别人的成功模式时，很容易忽略自己真正擅长的东西。每个人都有自己独特的性格、技能和背景，而这些则构成了个人的**核心竞争力，即只有你有别人很难模仿的能力**。你可能花了很多时间和精力去学习如何做一名直播主播，但其实你更擅长写作或者深耕专业知识。盲目模仿他人，不仅会让你心力交瘁，还可能导致效率低下，事倍功半。

我也有过这样的经历。看到一些博主直播带货非常成功，心里便想："他们能做到，为什么我不行？"于是，我开始模仿他们的做法，结果发现这类方式实在不适合我。我开始意识到，真正的突破在于找到属于自己的道路，而不是一味地步人后尘。当我开始专注于自己的特长——写作和内容创作时，我变得更有自我效能感了，一部部代表作也证明了我选对了方向。

所以，**做最好的自己，而不是别人的复制品。**

06　最后的话

副业之路上，请务必避免这5个"坑"。

追逐风口，频繁切换赛道：专注于一个领域，积累优势比盲目跟风更有效。

幻想"暴富"，导致被"割韭菜"：警惕快速致富的诱惑，积累财富需要时间和耐力。

主次不分，捡副业丢主业：在副业收入未达到主业收入的3倍前，主业依然是你的基础，不可忽视。

急于变现，无法度过"黑洞期"：坚持投入，坚定信念才能有所收获。

迷恋对标，迷失自我优势：发挥个人特长，不要盲目模仿他人。

成功的路上，并不拥挤，因为能坚持的人不多。

但"耐力"，恰恰是我们 i 人的特质！

持之以恒，你终将脱颖而出！

后记

这是我完成的**第 18 本书**，按照我设定的撰写 50 本书的目标，如今的进度为 **36%**。

这 18 本书，除了被买断的几本，它们中的大多数，每年都在为我带来源源不断的被动收入。这是以前的我难以想象的。

而且，由于我对物质的需求并不大，这些书的版税收入早已超过了我的日常开销，如果说"被动收入 – 支出 >0"就是实现了财务自由，那么我已经实现了。

我觉得自己非常幸运，也希望能够将这份幸运传递给你。我希望你能从今天开始，悄悄地开启你的副业之旅，并逐步让副业收入覆盖你的日常支出。

所以我希望，读完本书对你而言不是终点，而仅仅是一个开始。我为你提供了 4 条适合 i 人的路径，帮助你避开陷阱，也希望你能够开始深耕一个"同一份时间出售多次"的副业领域。

当我想象你合上本书的情景时，我看到的是一个对未来充满信心、跃跃欲试的你。**因为对未来越有信心，对现在才会越有耐心。**

最后，请让我感谢 4 位贵人。

首先，我要向人民邮电出版社的朱伊哲老师致以最诚挚的敬意和感谢。朱老师已经和我共同策划并实施了一系列意义深远的心理科普项目。这些项目包括销量突破 20 万册的《不强势的勇气：如何控制你的控制欲》（文字版）、微信读书推荐值高达 86.8%的《了不起的自驱力：唤醒孩子的学习源动力》、受到中小学教师广泛好评的《抢分：偏科自救指南》、扩展至 30 个亲子高频场景、被誉为"治愈系佳作"的**《不强势的勇气：如何控制你的控制欲》(漫画实践版)**，还有能够帮人们"省钱又省力"的**《低成本生活：如何让你的人生省钱又省力》**。这一系列书籍不仅是我们合作关系不断深化的见证，更是我们秉持共同理念在心理科普领域不懈努力的结晶。本书的顺利完成标志着我们在心理科普之路上树立了新的里程碑，也预示着我们将携手探索更加宽广的主题。在此，我衷心地表达对**朱伊哲老师**的崇高敬意，感谢她全程给予我的智慧指导和支持。她的贡献使我们的合作远远超出普通文字工作的范畴，变成了一段充满启示与成就的非凡旅程。

其次，我还想借此机会，向我的爱人**王怡女士**表达我深深的感激之情。在我追逐个人梦想的旅途中，她始终是我坚实的后盾。在我每一个思考策划、笔耕不辍的时刻，她都以无尽的耐心和理解给予我最坚定的支持。

同时，我也想向我的儿子，**何昊伦同学**，致以最热烈的祝贺。今年，正在读初二的他，凭借不懈的努力和老师们的悉心指导，**不仅在班级中连续夺得桂冠**，还在年级中名列前茅，获得了**第 5 名**的优异成绩。更令人振奋的是，他荣获了 **5 项上海市市级荣誉奖项**，这不仅是对他个人努力的肯定，也是对我们家庭教育理念的最好证明。**在 AI 应用领域**，这个小伙子的才华和技能水平已经超越了他的父亲，这让我感到无比自豪。他的成就，是他勤奋学习、勇于探索的结果，也是我们家庭不断追求知识、鼓励创新的体现。希望昊伦在未来的学习和生活中，能够继续保持这份热情与执着，不断追求卓越，向着更高更远的目标前进。

最后，我想向此刻**正在阅读这些文字的你**，致以最诚挚的感谢，你的每一次翻阅、每一次沉思，都是对我最大的鼓励和认可。你不仅是这段旅程的终点，更是我成长道路上的贵人，你的陪伴让我的每一步都更加坚定。

我真诚地希望，通过阅读本书，你能**有策略地成为更好的自己**。愿本书，以及我之前出版的书，都能成为你人生旅途中的一盏盏灯，照亮你前行的路。

愿每一位阅读本书的你，都能找到属于自己的副业之路，通往财务自由的彼岸。

在这一切即将画上句点之际，我希望**基于本书的交流只是我们成就彼此的开始**。如果你愿意进一步探讨**副业、写作或心理科普相关**的话题，我诚挚邀请你通过微信（hehaolun2010）与我建立更深的联系。

——何圣君

2025 年 3 月 31 日

于上海